山东省小微企业
活跃度研究

宋文峰 ⊙著

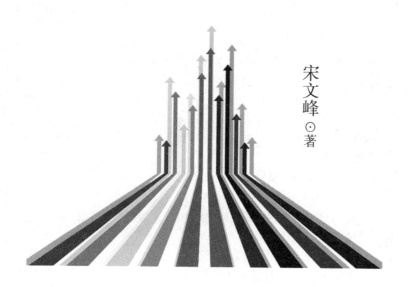

民主与建设出版社
·北京·

图书在版编目（CIP）数据

山东省小微企业活跃度研究 / 宋文峰著 . -- 北京：
民主与建设出版社 , 2023.9

ISBN 978-7-5139-4358-1

Ⅰ . ①山… Ⅱ . ①宋… Ⅲ . ①中小企业－企业管理－
研究 Ⅳ . ① F276.3

中国国家版本馆 CIP 数据核字（2023）第 172922 号

山东省小微企业活跃度研究
SHANDONGSHENG XIAOWEI QIYE HUOYUEDU YANJIU

著 者	宋文峰	
责任编辑	刘 芳	
封面设计	思源工坊	
出版发行	民主与建设出版社有限责任公司	
电 话	（010）59417747 59419778	
社 址	北京市海淀区西三环中路 10 号望海楼 E 座 7 层	
邮 编	100142	
印 刷	天津文林印务有限公司	
版 次	2023 年 9 月第 1 版	
印 次	2023 年 9 月第 1 次印刷	
开 本	710 毫米 ×1000 毫米 1/16	
印 张	11.5	
字 数	180 千字	
书 号	ISBN 978-7-5139-4358-1	
定 价	49.80 元	

注：如有印、装质量问题，请与出版社联系。

目 录
CONTENTS

第三章 2015—2020 山东省小微企业创新活跃度分析

第四章 2015—2020 山东省小微企业社会责任活跃度分析

第五章 2015—2020 山东省小微企业动态活跃度分析

第一章

2015—2020
山东省小微企业
活跃度整体概况

第一节
山东省小微企业研究背景、概念框架、意义及调研概况

1. 研究背景

自商事制度改革以来，随着政府部门转变职能、减少行政审批，市场活力得到了极大的释放。山东省市场主体保持快速健康发展，小微企业也得到了蓬勃发展。2018 年 10 月，习近平总书记在视察广东时指出：中小企业能办大事，党中央高度重视并一直在想办法促进中小微企业发展。只有这样才能够真正使我国经济全面发展、科学发展、高质量发展。2020 年 5 月，国务院总理李克强在政府工作报告中指出："保障就业和民生，必须稳住上亿市场主体，尽力帮助企业特别是小微企业、个体工商户渡过难关。"

为深入贯彻落实党中央、国务院决策部署，更好地支持小微企业健康发展，笔者作为课题组成员，随山东省市场监督管理局和山东大学在全省范围内开展小微企业活跃度调查工作。本次调查一方面通过切实了解我省商事制度改革五年来（2015—2020 年）新设立的小微企业生存和发展状况，来科学客观评价其活跃度情况；另一方面将通过调查小微企业主的政策获得感，找出营商环境政策供给的堵点和痛点。本次调查结果旨在为省委、省政府下一步制定精准帮扶小微企业成长政策提供数据支撑。

2. 概念界定

（1）小微企业：小微企业是小型企业、微型企业、家庭作坊式企业、个体工商户的统称。从划型标准上看，依据我国关于促进中小企业发展的相关法律法规，小微企业可以划分为微型、小中型、小型三种类型。

（2）企业活跃度：对企业生产经营活动中的各类信息进行分类、量化[①]，得出企业在某方面的"活跃值"，对一定时间段内的全部活跃值进行按权汇总，就得到企业的活跃度。活跃度按四类分为不活跃、低活跃、中活跃和高活跃四个群体[②]。小微企业活跃度指标是指采用大数据技术，对采集到的企业生产经营活动中的各方面信息进行量化、分析、汇总，得到的能够及时、有效、客观地反映企业发展状况的综合指标。综合指标值越高，说明企业活跃度越高。

3. 概念框架

为了结果的精确性，本次调查拟从静态和动态两个视角来评价企业活跃度，静态聚焦"企业是否活着"，动态聚焦"企业活得怎样"（如图1.1）。

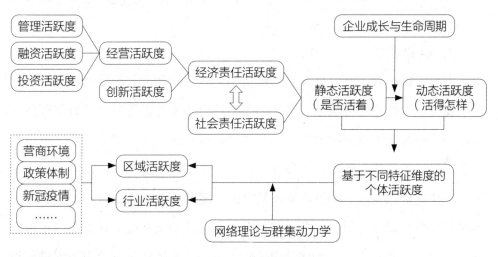

图1.1 本次调查指标概念模型图

[①] 量化方法依据工商总局企业活跃度分析指标体系和算法模型以及小微企业的自身特点，科学设定企业活跃度的指标体系和权重算法。

[②] 活跃度低于60的属于不活跃群体，活跃度介于60—65之间属于低活跃群体，活跃度介于65—70之间属于中活跃群体，活跃度大于等于70属于高活跃群体。

首先，将企业静态活跃度细化为"二维三阶"的内容结构，"二维"是指企业静态活跃度由经济责任活跃度和社会责任活跃度两个维度直接测量。"三阶"是指经济责任活跃度又涵盖经营活跃度、创新活跃度，其中经营活跃度是按照管理、融资和投资三个指标进行加权计算得出。投融资和管理活跃度是根据调查问卷中相对应的问题并进行赋值，然后加权计算得出。创新活跃度是根据技术创新，网络创新和品牌创新三个指标加权计算得出。

其次，在得到静态活跃度之后，引入企业成长与生命周期这一变量，将静态活跃度转换计算为动态活跃度。综合静态活跃度和动态活跃度的结果得出总体活跃度结果，并根据样本企业不同特征计算出基于不同特征维度的个体活跃度。

最后，基于网络理论与群集动力学，对不同特征维度的个体活跃度进行深度分析，得出区域活跃度和行业活跃度结果，并反映营商环境、政策体制、新冠疫情等环境因素对其产生的影响。

4. 重要意义

大力发展小微企业，是调整经济结构、转变发展方式的战略举措之一，在增加就业、促进经济增长、科技创新和社会和谐稳定等方面具有不可替代的作用。以习近平总书记为核心的党中央高度重视中小微企业发展，中小微企业发展好了，才能够更好地实现经济高质量发展。近年来，山东省市场主体保持快速健康发展，小微企业也是得到了蓬勃发展。通过对小微企业市场活跃情况进行观察分析，研究如何提升小微企业的活跃度，从而提高小微企业的发展质量和水平，对于保持山东省小微企业发展良好态势以及促进新形势下山东经济的健康有序长远发展具有重要意义。

（1）有助于更好地吸纳就业

个体私营经济作为市场经济的重要组成部分，作用日益显现，在我国推进简政放权尤其是实施商事制度等改革后，新设小微企业大幅增加，成为社会吸纳就业的重要载体。全国三分之一就业以及全国城镇新增就业人口的90%集中在个体私营企业，而小微企业是就业的主渠道。据第四次全国经济普查系列报告显示，2018年末，我国共有中小微企业法人单位1807万家，比2013年末增长115%，占全部规模企业法人单位（以下简称全部企业）的99.8%。中小微企业具有很强的吸纳就业能力，已经成为吸纳社会就业的重要主体。2018年末，中小微企业吸纳就业人员23300.4万人，比2013年末增长5.5%，占全部企业就业人员的比重为79.4%，比2013年末提高了0.1个百分点；拥有资产总计达到402.6万亿元，占全部企业资产总额的77.1%；全年营业收入达到188.2万亿元，占全部企业全年营业收入的68.2%；中小微私营企业有1526.5万家，比2013年末增长166.9%，占全部企业的84.4%。

（2）有助于提高科技创新能力

小微企业是创新的重要源泉。第四次全国经济普查报告显示，从行业分布看，中小微企业信息技术相关产业占比小幅提升。2018年末，在我国全部中小微企业中，信息传输、软件和信息技术服务业企业91万家，比2013年末增加69.3万家，增长319.4%，占比为5.0%，比2013年末提高了2.4个百分点；科学研究和技术服务业企业114.1万家，比2013年末增加81.5万家，增长250%，占比6.3%，比2013年末提高了2.4个百分点。小微企业不仅是创新的生力军，也是大企业的重要支撑。国务院总理李克强在2017年9月27日国务院常务会议上指出，小微企业对市场高度敏感，不仅通过定制化生产适应人民群众的多样化需求，也为大企业提供具有价格优势的配套，提高大企业的实力和竞争力。在大力推进简政放权尤其是实施商事制度改革后，新设企业大幅增加。加大对小微企业、个体工商户特别是在改革中"呱呱坠地"新生者的扶持，着力提升小微企业的活跃度，引导它们积极参与制度创新和技术创新，促进它们在公平竞争中搏击壮大，可形成示范效应，推动小微企业转型升级，从而增添社会活力和发展内生动力，促进经济稳定增长和民生改善。

（3）有助于增强市场竞争能力

小微企业是发展的主力军，近年来，小微企业的发展蒸蒸向上，为我国提供了一半左右的税收，是我国国民经济和社会发展的重要力量。国家针对小微企业发展出台了相应的扶持政策，鼓励小微企业发展。据 2018 年国家统计局发布的第四次全国经济普查系列报告显示，我国营商环境不断改善，中小微企业总量规模不断扩大，产业分布更趋合理，在国民经济和社会发展中的作用日益显著。小微企业处于市场经济的微观基础地位。从小微企业的行业构成来看，主要集中在传统行业，包括批发零售、租赁和商业服务、制造业和建筑业等。调查显示，当前山东省小微企业经营范围已经从餐饮、零售等传统领域向新一代信息技术产业、高新技术服务业、新兴现代服务业等现代领域延伸。伴随着我国经济进入新常态，小微企业在经营中充分发挥自身机制灵活、市场适应性强、行动快捷的优势，积极引进先进的技术、先进的工艺、先进的设备等措施，有利于提高市场竞争力，在带动其他产业发展的同时，促使产业结构更趋优化，成为促进山东省供给侧结构性改革进一步优化的重要载体，对于保持社会稳定，改善民生福祉具有重要战略意义。

5. 调研概况

本次调查共在山东省全省范围内随机抽取 10000 家登记注册时间为 2015 年 3 月至 2020 年 2 月的私营企业（不含个体工商户）。依据工信部、国家统计局、发改委、财政部制定的《中小企业划型标准规定》和原国家工商总局《关于进一步做好小微企业名录建设有关工作的意见》，确定调查对象为私营企业中的小微企业。

山东省市场监督管理局个私经济服务中心和山东大学管理学院联合开展调查工作。山东大学管理学院负责问卷设计，抽取调查对象，进行数据处理，撰写调查报告。山东省市场监督管理局个私经济服务中心负责组织指导各调查工作点、市场监管部门或个私协会督促被调查企业填报问卷。本次对小微企业的调查采用问卷调查方式。问卷的问题紧紧围绕"活跃度"概念的相关指标进行设计，以期实现调查所要求的目标。为了方便各被调查企业填答问卷，本次调查中开发了网上调查系统，供在线填答。

山东大学管理学院与山东省市场监督管理局联合负责调查实施工作，由山东大学管理学院统一组织和部署。被调查地区积极配合，成立专项调查组，指定专人负责。山东大学管理学院将调查名单分发到各辖区后，各辖区访问人员根据本辖区的经济户口先将各企业登记情况进行核实，然后逐个电话联系，讲清楚操作要求，将调查链接通过短信、邮箱、QQ、微信等途径发送给企业。调查问卷由被抽取到的小微企业通过电脑或手机访问网上问卷调查系统，在网上自行填报提交。当遇到企业无法上网填报等情况，采用纸质问卷调查形式，待企业填写纸质问卷后，由调查人员负责在网上誊抄填报。对不会操作的企业则上门帮助其操作；对规模很小，没有电脑或无法上网的企业，由访问人员带上手提电脑上门服务，现场填写或者记录下企业的各种数据，回单位后由访问人员进行填写；对接电话后没有按要求填写的企业，访问人员也会多次联系，直到其填写完成；对于电话联系不上的企业，由访问人员上门联系，通过多种方式和途径确保调查顺利开展。最后，将调查数据全部录入调查系统。

本次调查于2020年9月开展。此次山东省调查小微企业共计10000家，涉及19个行业，16个市的62个区县、开发区，问卷回收8715份，有效率87.15%。

第二节
山东省小微企业概况：基于时间维度的分析

（1）分析小微企业的总体数量情况，这里用了总体较前一年倍数和总体较 2015 年倍数，2015 年的总体数量为 1230093（见表 1.1）。

表 1.1　小微企业时间维度概况表

	2015 年	2016 年	2017 年	2018 年	2019 年	2020 年
总体数量	1230093	1594767	2020880	2567892	3303163	4019739
存续数量	984945	1267990	1608329	2037968	2658196	3223279
新增数量	270593	364674	426113	547012	735271	716576
注销数量	33545	49365	53333	69317	66433	16490
非存续数量	245148	326777	412551	529924	644967	796460
总体存续比	80.1%	79.5%	79.6%	79.4%	80.5%	80.2%
总体非存续比	19.9%	20.5%	20.4%	20.6%	19.5%	19.8%
总体注销比	2.7%	3.1%	2.6%	2.7%	2.0%	0.4%
实际增量	25445	37897	13562	17088	90304	-79884
实际增长率	0	49%	-64%	26%	428%	-188%

注：某年总体数量 = 某年存续数量 + 某年非存续数量

某年非存续数量 = 某年注销数量 + 某年非存续的非注销数量[①]

①根据统计得到的数据，为总体数量、存续数量、新增和注销数量。小微企业总体包括处于存续状态和非存续状态的小微企业。对于处于非存续小微状态的企业，部分小微企业注销，得到注销的小微企业的数量，部分小微企业没有注销，在这里定义为非存续非注销小微企业数量。

2016—2020 年，小微企业总体较前一年倍数保持稳定，2016—2019 年保持在 1.25 到 1.3 之间，2020 年总体较前一年的倍数为 1.22，总体趋势为直线。可以看出，2020 年受疫情的影响，总体年增长率下降，但是下降幅度非常小。总体来说，山东省营商环境较好且保持稳定，小微企业的总体数量呈现阶梯状增长（见表 1.2，如图 1.2）。

表 1.2　小微企业时间维度的总体数量概况

	2016	2017	2018	2019	2020
总体数量	1594767	2020880	2567892	3303163	4019739
总体较前一年倍数	1.30	1.27	1.27	1.29	1.22
总体较2015年倍数	1.30	1.64	2.09	2.69	3.27

注：总体较前一年倍数 = 某年的总体数量 / 前一年的总体数量

　　总体较 2015 年倍数 = 某年的总体数量 / 2015 年的总体数量

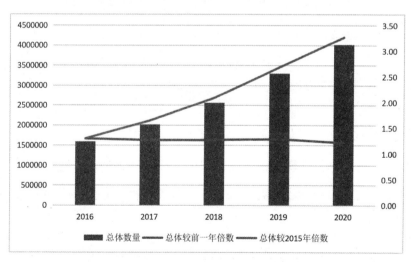

图 1.2　小微企业总体数量情况图

（2）分析企业的存续情况，本调查采用了存续总体比；分析企业的非存续情况，采用了总体注销比和总体非存续非注销比。

2015—2020 年，总体存续比保持在 80%，小微企业的生存情况无较大变化；小微企业的非存续情况也无较大变化，约为 20%；总体注销比在 3% 上下浮动；处于非持续非注销状态的企业，可以理解为"僵尸企业"，占整体企业的 17%，整体情况未发生较大的变化，说明山东省营商环境稳定（如图 1.3）。

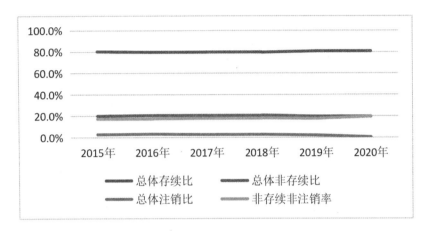

注：某年总体存续比 = 某年存续数量 / 某年总体数量

某年总体注销比 = 某年注销数量 / 某年总体数量

某年总体非存续比 = 某年非存续数量 / 某年总体数量

某年总体非存续非注销比 = 某年非存续的非注销数量 / 某年总体数量

图 1.3　小微企业存续情况图

2015—2020 年，总体注销比保持在 3% 左右，但是在 2020 年，注销企业的数量明显下降。出现这种情况的原因可能为，受新冠影响，小微企业不能按照流程及时注销。政府需要改善注销服务流程，方便小微企业完成注销工作。

（3）分析小微企业的新增变化情况，本调查报告采用新增数量、非存续数量、实际新增数量这三个定量数据，以及新开业率和实际增长率进行衡量。

2015—2020 年，小微企业的新增数量逐渐增加，在 2019 年达到最大。新增数量对应新开业率，虽然在数量上总体持续增长，但是新开业率保持相对稳定，2015—2019 年，小微企业的新开业率保持在 21% 以上，在 2020 年下降了近 4 个百分点。2015—2020 年，小微企业的非存续数量也逐渐增加，在 2020 年到达最大，而且超过了新增数量。但是非存续数量对应的倒闭率保持相对稳定，在 2015—2019 年一直低于新开业率，2017 年、2018 年倒闭率到达最大，在 2020 年倒闭率较 2015—2018 年有所下降，为 19.8%。（如图 1.4）

小微企业的实际增长数量变化幅度较大，小微企业的实际增长数量在 2017 年和 2018 年相对较少，在 2019 年数量较大，但在 2020 年，大量减少甚至到负增长。企业实际增长率在 2020 年最低为 –2.0%，在 2017 年和 2018 年较低，约为 0.7%，其他年份都在 2% 以上，相差不大（如图 1.5）。

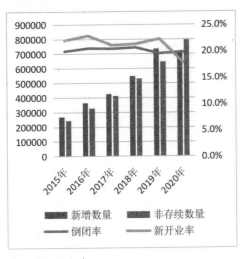

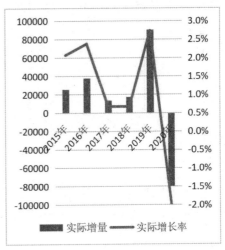

注：新开业率 =

某年新增数量 / 某年总体数量

实际增长数量 =

某年新增数量 – 某年非存续数量

倒闭率 =

某年非存续数量 / 某年总体数量

实际增长率 =

某年实际增长数量 / 某年总体数量

图 1.4　小微企业开业倒闭情况图　　图 1.5　小微企业实际增长情况图

自 2016 年 5 月 1 日起，山东省推行税收优惠的政策，新开业率到达近年最大，为 22.9%。新开业率在 2017 年和 2018 年最低，2017 山东省减税降费政策积极促进了小微企业的新开业率，山东省金融监管加强，小微企业融资困难，新企业的新开业率有所下降，原有企业的倒闭率有所上升。2019年，山东省小微企业普惠性税收减免政策力度进一步加大，进一步支持小微企业发展，新增企业数量大幅增加，新开业率增大到22.3%，倒闭企业相比前两年减少，倒闭率降到近几年最低的19.5%。2020年，新冠影响了正常生活，一些行业受疫情影响严重，小微企业不能按照原定计划开业，疫情带来的不确定性使得部分小微企业处于观望状态，新开业率是近几年最低，为17.8%。此外大量小微企业不能存续，非存续数量大大增加，实际增长数量和实际增长率明显下降，实际增量为负，增长率为负。虽然2020年小微企业受新冠肺炎影响非常大，但是小微企业并没有出现大规模的倒闭狂潮，倒闭率反而较2015—2018年有所下降，说明山东省整体营商环境稳定（如图1.4、图1.5）。

第三节
山东省小微企业概况：基于区域维度的分析

本次调查总体企业得到的总体企业数据有总体数量、存续数量、新登记数量和注销数量。数据使用情况说明：2015 年小微企业总体数量是小微企业在 2015 年处于存续状态下的数量。所以 2020 年总体数量和存续数量在统计表上数量是相等的，特此说明。小微企业的总体数量约等于存续数量，新登记数量和注销数量都是各年数量之和（见表 1.3）。

表 1.3　小微企业区域维度概况表

	2015总体数量	2020总体数量	2020存续数量	新增数量	存续倍数	注销数量	平均新登记注销比
青岛	197542	577376	577375	414832	2.92	50753	2.0%
济南	132988	431953	431953	326684	3.25	37106	1.9%
潍坊	83232	295612	295611	230552	3.55	27175	2.0%
临沂	72256	288407	288407	232978	3.99	22893	1.6%
烟台	83803	234803	234805	166834	2.82	24631	2.5%
济宁	67587	216423	216423	164934	3.20	16036	1.6%
菏泽	39822	172526	172548	143222	4.33	24830	2.9%
聊城	35882	152363	152363	124727	4.25	12097	1.6%
淄博	50702	141700	141698	100871	2.80	15000	2.5%
德州	30374	114238	114238	89826	3.76	10264	1.9%
泰安	37090	114144	114145	84388	3.08	8148	1.6%

（续表）

	2015总体数量	2020总体数量	2020存续数量	新增数量	存续倍数	注销数量	平均新登记注销比
滨州	31202	112788	112788	88828	3.62	8241	1.5%
威海	39995	106508	106508	74474	2.66	9734	2.2%
枣庄	29044	96263	96242	72900	3.31	7942	1.8%
日照	28674	95246	95246	72283	3.32	8200	1.9%
东营	25898	78161	78161	57127	3.02	6170	1.8%

（1）分析各地区小微企业的总体数量，这里用了各地总体占比（见表1.4）。

表1.4 小微企业区域维度总体数量概况

	2020总体数量	各地总体占比		2020总体数量	各地总体占比
东营	78161	2.4%	聊城	152363	4.7%
日照	95246	3.0%	菏泽	172526	5.3%
枣庄	96263	3.0%	济宁	216423	6.7%
威海	106508	3.3%	烟台	234803	7.3%
滨州	112788	3.5%	临沂	288407	8.9%
泰安	114144	3.5%	潍坊	295612	9.2%
德州	114238	3.5%	济南	431953	13.4%
淄博	141700	4.4%	青岛	577376	17.9%

注: 各地总体占比=各地2020年总体数量/2020年全省总体数量（3228511）

全省各地区小微企业的总体数量各不相同，从各地区总体数量上来看，青岛地区遥遥领先占了接近18%，济南跟随其后占了13%以上，潍坊和临沂约各占9%，四个地区占了全省的约50%。日照、枣庄、威海、滨州、泰安和德州数量上相近，都在3%以上，东营数量最少约占了2.4%（如图1.6）。

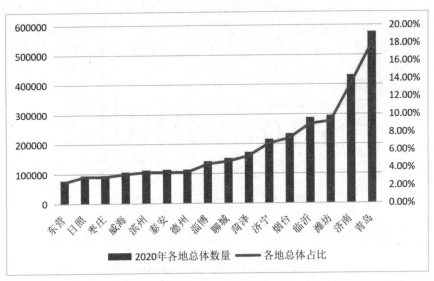

图1.6 小微企业区域维度总体数量情况图

（2）分析企业的存续情况时，采用了各地存续倍数（如图1.7）。分析企业的注销情况时，采用各地平均注销比（如图1.8）。

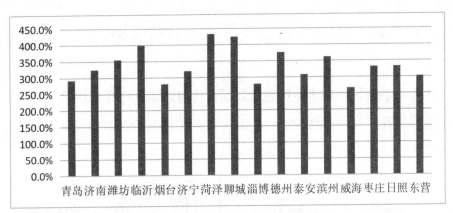

注：各地存续倍数＝各地存续数量／各地2015年总体数量

图1.7 小微企业区域维度存续情况图

分析上图，各地区存续情况相对较好的地区有菏泽、聊城和临沂，存续倍数在4倍以上。

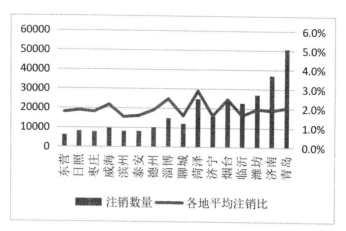

注：各地平均注销比＝（各地注销数量／2020年总体数量）／6

图1.8　小微企业区域维度注销情况图

2015—2020的各地区小微企业的年平均注销比在2%左右，与进行时间维度分析的注销比数据相符。值得注意的是，菏泽的平均注销比相对较高。各地区小微企业各地平均注销比保持相对稳定，注销数量随着各地小微企业规模数量变化（如图1.8）。

（3）分析小微企业区域的新增情况，这里用了各地新增占比（见表1.5，如图1.9）。

山东省各地区小微企业的新增数量占比与总体占比几乎相同，但是在顺序上有所变化。其中潍坊、临沂、滨州和泰安发生了变化。菏泽和临沂新增占比最高，增幅达到了0.6%；聊城新增也非常明显，达到了0.4%。

表1.5　小微企业区域维度新增概况表

	新增数量	各地新增占比		新增数量	各地新增占比
东营	57127	2.3%	聊城	124727	5.1%
日照	72283	3.0%	菏泽	143222	5.9%
枣庄	72900	3.0%	济宁	164934	6.7%
威海	74474	3.0%	烟台	166834	6.8%
泰安	84388	3.5%	潍坊	230552	9.4%
滨州	88828	3.6%	临沂	232978	9.5%
德州	89826	3.7%	济南	326684	13.4%
淄博	89826	4.1%	青岛	414832	17.0%

注：各地新增占比＝各地新增数量/全省新增数量之和（2445460）

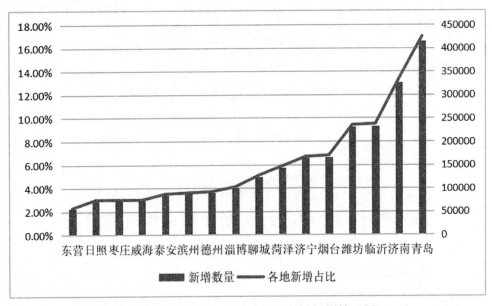

图 1.9　小微企业区域维度各地新增情况图

第四节
山东省小微企业概况：基于行业维度的分析

本次调查得到的总体企业数据有总体数量、存续数量、新增登记数量和注销数量。数据的选择处理为，选择 2020 年总体数量为总体数量，2020 年的存续数量，2015—2020 年各年的新增登记数量之和为新增数量，2015—2020 年各年的注销数量之和为注销数量，2020 年全省总体数量为 3228511（见表 1.6）。

表1.6　小微企业行业维度概况表

行业	新增总和	2015年总体数量	2020年总体数量	各行业总体占比	存续数量	注销数量	非存续数量	实际新增数量	实际新增倍数	新增占比	总体存续比	总体注销比	总体非存续占比
农林牧渔业	82889	28277	100654	0.031	82540	11874	18114	64775	2.29	82.4%	82.0%	2.0%	18.0%
采矿业	913	1964	2784	0.001	910	82	1874	-961	-0.49	32.8%	32.7%	0.5%	67.3%
制造业	282078	196825	452080	0.14	281242	27600	170838	111240	0.57	62.4%	62.2%	1.0%	37.8%
电力燃气及水的生产和供应	10863	3654	13635	0.004	10828	1569	2807	8056	2.20	79.7%	79.4%	1.9%	20.6%
建筑业	309003	68893	362800	0.112	307562	18982	55238	253765	3.68	85.2%	84.8%	0.9%	15.2%
批发和零售业	849781	378733	1141772	0.353	846273	106842	295499	554282	1.46	74.4%	74.1%	1.6%	25.9%
交通运输仓储和邮政业	70495	34221	98768	0.031	70165	7517	28603	41892	1.22	71.4%	71.0%	1.3%	29.0%
住宿和餐饮业	46045	13941	55890	0.017	45817	6761	10073	35972	2.58	82.4%	82.0%	2.0%	18.0%
信息传输软件和信息技术业	136154	40108	165930	0.051	135553	19475	30377	105777	2.64	82.1%	81.7%	2.0%	18.3%
金融业	21111	24838	43124	0.013	21082	4190	22042	-931	-0.04	49.0%	48.9%	1.6%	51.1%
房地产业	57480	28489	82157	0.025	57316	7335	24841	32639	1.15	70.0%	69.8%	1.5%	30.2%
租赁和商务服务业	280597	92205	348651	0.108	279573	38659	69078	211519	2.29	80.5%	80.2%	1.8%	19.8%
科学研究技术服务和地质勘查	150871	35146	174826	0.054	150392	17188	24434	126437	3.60	86.3%	86.0%	1.6%	14.0%
水利环境和公共设施管理业	11110	4783	15032	0.005	11072	988	3960	7150	1.49	73.9%	73.7%	1.1%	26.3%
居民服务和其他服务业	66058	22780	83464	0.026	65609	8346	17855	48203	2.12	79.1%	78.6%	1.7%	21.4%
教育	14689	0	14689	0.005	14370	2304	319	14370	—	100.0%	97.8%	2.6%	2.2%
卫生和社会工作	5235	535	5526	0.002	5184	1353	342	4893	9.15	94.7%	93.8%	4.1%	6.2%
文化体育和娱乐业	64445	11554	71583	0.022	64160	7349	7423	57022	4.94	90.0%	89.6%	1.7%	10.4%
公共管理和社会组织	77	0	77	0	72	5	5	72	—	100.0%	93.5%	1.1%	6.5%
国际组织	6	0	6	0	6	1	0	6	—	100.0%	100.0%	2.8%	0.0%

注：2020 年总体数量 ＝ 2020 年存续数量 ＋ 2020 年非存续数量

2020 年非存续数量 ＝ 2020 年注销数量 ＋ 2020 年非存续的非注销数量

实际新增数量 ＝ 新增数量—非存续数量

实际新增倍数 ＝ 实际新增数量 /2015 年总体数量

（有三个行业 2015 年总体数量为 0，实际新增倍数无法计算，这里用 "——" 表示）

新增占比 ＝ 新增数量 / 2020 年总体数量

（1）分析各行业小微企业的总体数量，这里用了各行业总体占比（如图 1.10）。

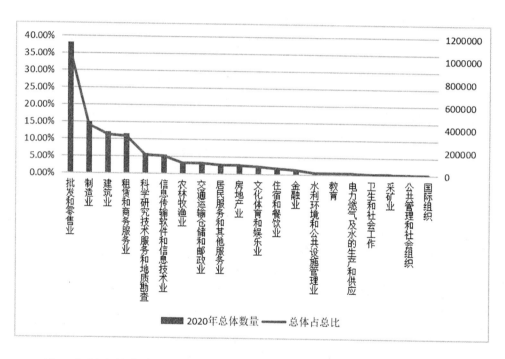

注：各行业总体占比 ＝ 各行业 2020 年总体数量 / 2020 年全省总体数量

图 1.10　山东小微企业行业分布状况图

从山东小微企业的行业构成来看，传统行业，包括批发零售 35.3%、租赁和商务服务 10.8%、制造业 14%、建筑业 11.2% 占据了 70% 以上的份额；其中，新兴行业和高附加值行业，包括科学研究和技术服务业、信息服务业达到 5%，占比还不够高，说明山东小微企业与新兴产业和高附加值行业之间的关联不够密切。

（2）分析各行业小微企业的存续与注销情况，这里用了总体存续比、非存占比和总体注销比（如图 1.11）。

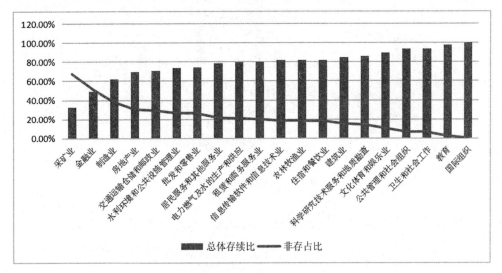

注：总体存续比 = 存续数量 / 总体数量

非存占比 = 非存续数量 / 总体数量

图 1.11　山东小微企业行业存续状况图

采矿业和金融业的总体存续比明显低于非存续占比，行业情况不容乐观；其他行业相对来说，总体存续比在 60% 以上，大部分行业的比值在 80% 左右，符合之前分析的结果。除了采矿业与金融业以外，制造业和房地产业的总体存续比最低，可能与制造业和房地产业需要的融资规模大，融资困难有关。有关教育行业的总体存续比接近 100%，说明教育行业发展较好。

从各行业角度分析山东省小微企业情况：不同行业的总体存续比和总体注销比相差巨大。各行业的年平均总体注销比一般在 1.5% 上下，少数卫生和社会工作的注销比比较高，达到了 4.1%（如图 1.12）。

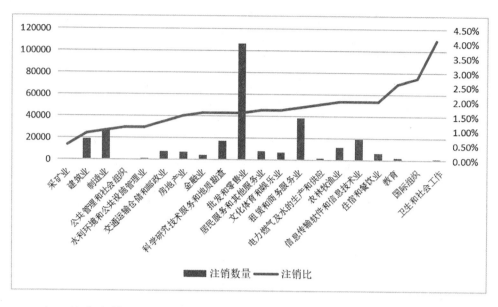

注：总体注销比 = 注销数量 / 总体数量

图 1.12　山东小微企业行业注销续状况图

（3）分析各行业小微企业的新增情况，这里用了实际新增数量和实际新增倍数（如图 1.13）和新增占比（如图 1.14）。

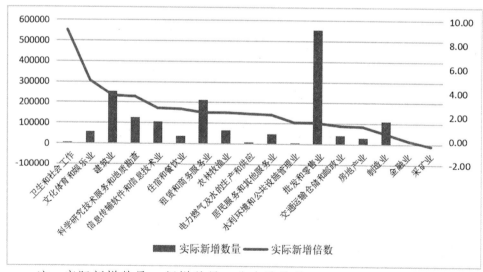

注：实际新增数量＝新增数量—非存续数量

实际新增倍数＝实际增量 / 2015 年总体数量

图 1.13　山东小微企业行业实际新增状况图

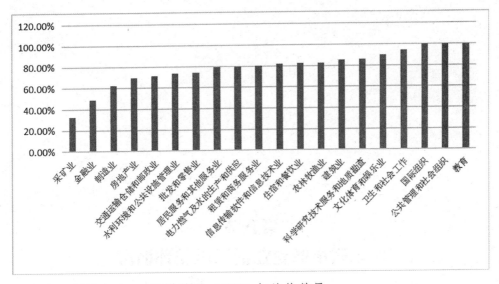

注：新增占比 = 新增数量 / 2020 年总体数量

图 1.14 山东小微企业行业新增占比图

观察图 1.13 可以明显发现，采矿业和金融业的实际新增倍数为负值，采矿业的实际新增倍数约为 −0.49，采矿业大规模消失；金融业的实际新增倍数为 −0.04，说明金融行业小微企业发展受到了一定的限制。其他行业，公共管理和社会组织、教育和国际组织行业，为新兴行业。批发和零售业、建筑业和租赁和商务服务业的规模非常大，所以增量也非常大，但是建筑业的实际新增倍数较大，说明近几年建筑行业发展较好，批发和零售业实际新增倍数还不到 2，低于其他众多行业，说明批发和零售业发展相对缓慢。科学研究技术服务和地质勘查业和信息传输软件和信息技术业数据相对较好，说明近几年信息技术行业发展较好。

采矿业和金融业的新增占比 33% 和 49%，远低于平均行业，制造业新增占比也相对较低，为 62%。公共管理和社会组织、教育和国际组织行业，为新兴行业。

第五节
山东省小微企业活跃度整体概况

1.2015—2020年山东省小微企业活跃度整体分析

本次调查中，我们得出了2015—2019年的企业活跃度数据，并计算其均值，以此来分析2015—2020年山东省小微企业活跃度的整体情况（如图1.15）。计算结果如下。

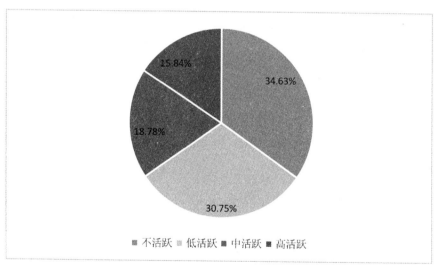

图 1.15 2015—2019 年山东省小微企业活跃度均值

2015—2020 年间，山东省有 34.62%（高活跃 15.84%+ 中活跃 18.78%）的小微企业处于中高活跃水平，占比高达三分之一，是带动小微企业活跃的主要力量，可见山东省小微企业的整体活跃程度是较为良好的，说明 2015—2020 年山东省各级地方政府针对小微企业推出的一系列政策是有成效的。不活跃小微企业比例同样达到了三分之一，为 34.63%。

综合来看，随着商事制度改革的逐步推进，新旧动能转换政策的落实，以及山东省各级政府一系列其他政策的发布与实施，山东省小微企业日益发展壮大，发展态势良好，但仍存在着较大的进步空间。

2. 2015—2020 年山东省小微企业活跃度：基于区域维度的分析

在分析山东省不同行业的小微企业活跃度情况时，采用了 2015—2019 年不同区域活跃度的均值（见表 1.7）。

表 1.7　2015—2019 年山东省小微企业区域活跃度均值

地市	高活跃	中活跃	低活跃	不活跃
菏泽	22.44%	23.38%	26.28%	27.90%
临沂	17.08%	22.38%	34.88%	25.66%
泰安	18.94%	20.42%	30.00%	30.64%
烟台	18.58%	19.90%	29.20%	32.32%
德州	17.08%	18.70%	30.90%	33.32%
聊城	17.54%	18.14%	30.16%	34.16%
威海	13.28%	22.00%	31.88%	32.84%
日照	16.68%	18.52%	31.24%	33.56%
东营	14.18%	19.10%	29.92%	36.80%
潍坊	17.04%	16.18%	30.82%	35.96%
济南	13.74%	19.06%	30.94%	36.26%
青岛	11.82%	19.42%	29.74%	39.06%
枣庄	15.94%	15.08%	31.34%	37.64%
淄博	13.08%	17.38%	36.52%	33.02%
济宁	10.12%	14.96%	27.36%	47.56%
滨州	11.68%	12.80%	26.00%	49.52%

为了更好地进行分析，下面根据上述表格中的均值，按照各区域高、中、低、不活跃企业的占比分别进行了排序（如图 1.16 — 图 1.19）。

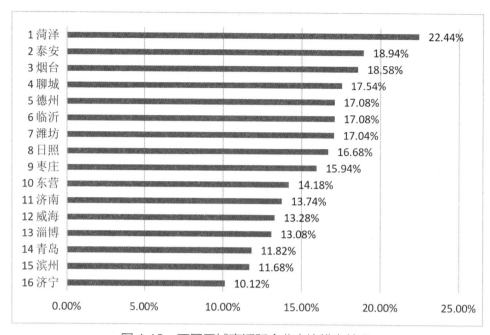

图 1.16 不同区域高活跃企业占比排名情况

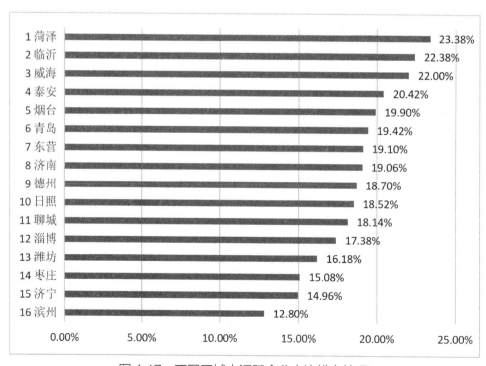

图 1.17 不同区域中活跃企业占比排名情况

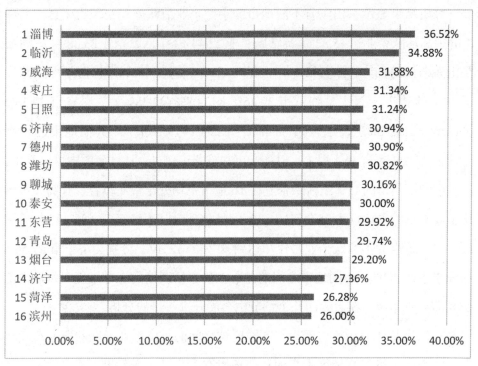

图 1.18 不同区域低活跃企业占比排名情况

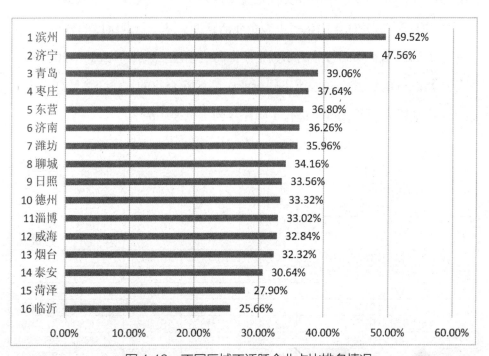

图 1.19 不同区域不活跃企业占比排名情况

分析结果显示，山东省不同地市的小微企业活跃度差距较为明显。菏泽市的中高活跃企业达45.82%（高活跃企业22.44%+中活跃企业23.38%，下同），在山东省16地市中排名第一，也是唯一一个高、中活跃企业占比加总高于40%的地市。其次是临沂市39.46%（17.08%+22.38%）、泰安市39.36%（18.94%+20.42%）、烟台市38.48%（18.58%+19.90%）。其他地市的中高活跃企业均可达到30%以上，但济宁市和滨州市例外，从排名图中可以看出，济宁市和滨州市的高、中活跃企业在16地市中均处于垫底位置，其高、中活跃企业加总的占比仅为25.08%（10.12%+14.96%）和24.48%（11.68%+12.80%），而这两个地市的不活跃企业占比却达到第一位第二位，分别为济宁市47.56%和滨州市49.52%。不同地市之间的差距在静态活跃度的三个维度以及动态活跃度都有所体现，在后续的几个章节中会展开进一步的分析。

从区域整体分析可以看出，不同区域之间的小微企业活跃状况差距比较大，一方面这可能与地区本身的营商环境有关，另一方面也可能是政策的落实参差不齐，济宁市和滨州市政府应当尤其关注小微企业政策实施情况。

3. 2015—2020年山东省小微企业活跃度：基于行业维度的分析

下面为山东省不同行业的小微企业活跃度情况，采用了2015—2019年不同行业活跃度的均值，并按照不同行业中高活跃企业的占比（高活跃企业的比例+中活跃企业的比例）进行了降序排列（见表1.8）。

表1.8 2015—2019年山东省小微企业行业活跃度均值

行业类别	中高活跃	高活跃	中活跃	低活跃	不活跃
制造业	45.10%	21.36%	23.74%	27.64%	27.26%
农、林、牧、渔业	37.44%	18.32%	19.12%	31.06%	31.50%
房地产业	36.54%	18.34%	18.20%	33.68%	29.78%
其他	35.24%	17.32%	17.92%	29.28%	35.48%
居民服务、修理和其他服务业	34.52%	15.42%	19.10%	32.86%	32.62%
信息传输、软件和信息技术服务业	33.78%	15.24%	18.54%	32.30%	33.92%
建筑业	32.26%	14.62%	17.64%	30.16%	37.58%
批发和零售业	32.26%	14.02%	18.24%	31.78%	35.96%
租赁和商务服务业	32.24%	13.78%	18.46%	29.82%	37.94%
科学研究和技术服务业	32.20%	13.08%	19.12%	31.96%	35.84%
交通运输、仓储和邮政业	31.38%	14.04%	17.34%	31.74%	36.88%

为了更好地进行分析，与区域维度保持一致，下面同样根据上述表格中的均值，按照各区域高、中、低、不活跃企业的占比分别进行了排序（如图1.20－图1.23）。

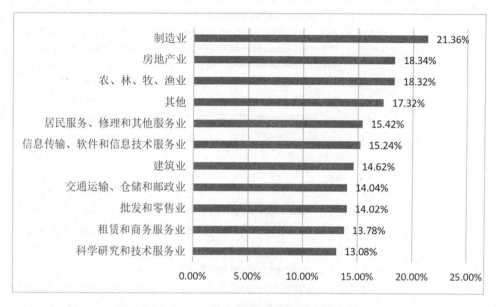

图 1.20 不同区域高活跃企业占比排名情况

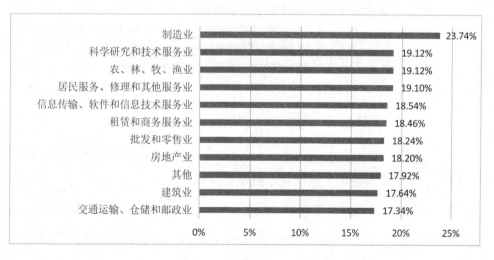

图 1.21 不同区域中活跃企业占比排名情况

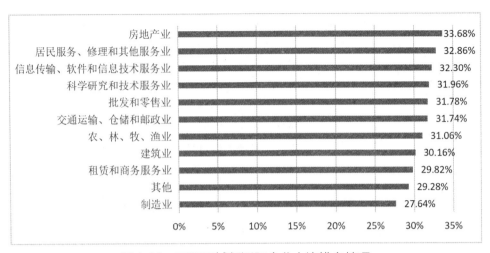

图 1.22　不同区域低活跃企业占比排名情况

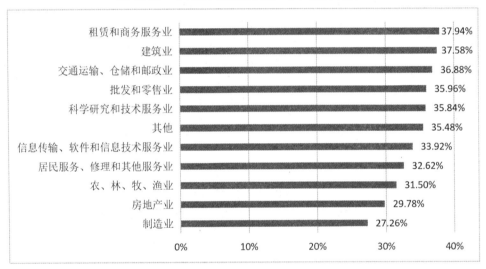

图 1.23　不同区域不活跃企业占比排名情况

根据分析结果，所有被调查行业的高、中活跃企业占比的加总数都达到了 30% 以上，侧面证实了山东省小微企业活跃度的良好状态。其中，制造业的活跃度水平相对最高，高活跃企业（21.36%）和中活跃企业（23.74%）均处于领先地位，高、中活跃企业总占比为 45.10%，远超其他行业。山东省作为制造业大省，小微制造企业的活跃度拔得头筹，这是合理的。其次是农、林、牧、渔业，房地产业和其他行业，它们的高、中活跃企业分别占比 37.44%（高活跃 18.32%+ 中活跃 19.12%，下同）、36.54%（18.34%+18.20%）和 35.24%

（17.32%+17.92%）。另外，大多数第三产业的活跃水平处于中下游。

由此可见，从活跃度的角度来看，山东省小微企业中制造业占主导地位，而第三产业相对不足，第三产业规模庞大，发展存在较大的空间，在政策和产业引导方面应引起更多关注。

第六节
山东省小微企业活跃度与其他省份的横向比较

不同省份或地区在进行小微企业活跃度采取的指标选择上存在一定差异，而且在样本选择上主要是以当年新设小微企业情况进行分析，缺乏与本次报告时间跨度完全一致的纵向数据。2020 年新冠疫情对各个省份产生了不同程度的冲击。因此，本次报告重点选取 2018 年、2019 年的相关数据进行横向比较分析。

基于 2018 年度与全国小微企业数据的比较，山东小微企业活跃度略高于全国水平。据中国个体劳动者协会 2018 年度"全国百县万家新设小微企业活跃度调查综合数据"显示，全国百县万家新设小微企业周年活跃度为 71.1%，其中高活跃度和中活跃度占比 43.0%，不活跃度占比为 28.9%。活跃度是指企业有招工、生产经营、购置设备的行为，在正常运营中。而山东省的小微企业的活跃度为 78%，高于全国水平近 6 个百分点。调查显示，2018 年全国新设小微企业户均吸纳就业人员 7.5 人。实现营收占比 81%，盈利企业占比 22.70%，大致持平占比 43.3%，亏损占比 33.90%。而山东省小微企业平均从业人员户均吸纳就业人员每户为 7.7 人，创造就业能力高于全国水平，盈利企业占比 20.08%，大致持平占比 47.94%，亏损占比 31.98%，亏损企业显著低于全国水平。

2019 年度数据与浙江、上海、广东、江苏等重点省市进行比较，山东小微企业发展态势良好。山东小微企业 2019 年度新增数量 73.5 万户，同比增长 28%，增速高于浙江（40.8 万户，12.4%）、广东（87.5 万户、10.0%）、上海（30.3 万户、−0.9%）、江苏（39.4 万户、−13.5%），从绝对增量来看仅次于广东。

第七节
小结

1. 2015—2020 年山东省小微企业稳定发展，营商环境稳定

2015 年至 2020 年全省小微企业总体数量共计 4019739 户，存续数量共计 3223279 户。2015 年至 2020 年全省小微企业新增登记数量共计 2449716 户，注销数量共计 310584 户。2015—2020 年，小微企业的总体数量呈现阶梯状增长。总体存续比保持在 80%，小微企业的生存情况无较大变化，总体注销比保持在 3% 左右，注销方面工作有待改进，方便企业完成注销工作。

2. 山东省各地区小微企业发展不平衡，在规模数量上，青岛、济南市遥遥领先；在存续和新增上，菏泽、聊城市和临沂表现较好，而烟台、淄博、威海和青岛市相对较差

全省各地区小微企业的总体数量各不相同，从各地区总体数量上来看，青岛市遥遥领先占了接近 18%，济南市跟随其后占了 13% 以上，潍坊市和临沂市各占约 9%，四个地区占了全省的约 50%。各地区存续情况相对较好的地区有菏泽、聊城和临沂，存续情况相对较差的地区有烟台、淄博、威海和青岛市。总体而言，菏泽、聊城和临沂市发展较快，烟台、淄博、威海和青岛市发展相对缓慢。

3. 山东省传统行业小微企业占据主导，采矿业和金融业，发展相对较差

从山东小微企业的行业维度来看，传统行业，包括批发和零售业 35.3%、租赁和商务服务业 10.8%、制造业 14%、建筑业 11.2% 占据了 70% 以上的份额。采矿业和金融业，新增占比相对其他行业较低，倒闭数量较多，新增数量少，实际新增数量为负值。

就全省小微企业活跃度而言，在 2015—2020 年间，约三分之一以上的小微企业处于中高活跃水平，发展较为良好。从区域维度来看，不同区域之间的小微企业活跃状况差距相对明显，菏泽市、临沂市等地企业活跃度处于高位，比活跃度最低的滨州市、济宁市高出 15% 乃至 20%。各级地方政府应针对各自地情，敦促小微企业政策的落实，同时发展完善本地的营商环境。从行业维度来看，制造业占主导地位，而第三产业活跃度相对较低，如交通运输、仓储和邮政业和科学研究和技术服务业等，第三产业的发展仍存在较大的空间。

第二章

2015—2020
山东省小微企业
经营活跃度分析

第一节
小微企业经营总体概况

经营活动是小微企业生存发展必不可少的活动之一，小微企业的经营状况也一直是社会经济关注的焦点的问题，对小微企业经营活跃度进行分析，主要是为了了解小微企业的生存状况以及经营发展的态势，以便于分析小微企业经营活动中存在的问题症结，从而找出相应的解决对策。

本次调查抽取了一万家企业，在所有接受调查的企业中，有7326家企业处于开业状态，占比82.31%。其中66.3%的企业全年正常营业，16.01%为季节性正常营业。剩余17.69%企业处于未开业、暂停和终止营业状态。（如图2.1）

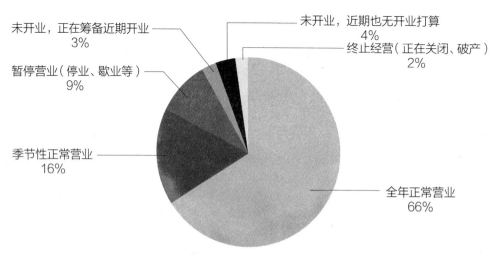

图 2.1　小微企业开业状况

从小微企业总体的经营状况来看，47.94%的小微企业选择了大致持平，31.98%的小微企业是亏损状态，而盈利的小微企业只有20.08%，可以看出目前小微企业的经营状况不容乐观，大部分企业还处于非盈利的状态，这与2020年疫情影响也有较大关系。在疫情的严重影响下，只有三成小微企业亏损，能够看出政府在小微企业的扶持上起到了一定的作用（如图2.2）。

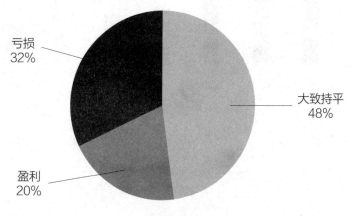

图2.2 小微企业经营状况

追溯小微企业非正常经营的原因，"行业不景气、没有业务"是企业未能正常营业的主要影响因素，占比为50.13%，可能原因是疫情大环境的影响。而资金不足、融资困难这一因素占比达到了29.99%，说明企业融资难与融资贵的问题依然存在。企业主的个人原因占到了19.63%的比例，还有16.71%的小微企业由于市场竞争激烈、竞争力差，14.71%的企业是因为效益差，亏损严重。可以看出小微企业生存仍比较困难，缺乏市场竞争力，经营风险较高。因招工难、缺少人员和技术而不能正常经营的小微企业最少，占比为5.59%，说明人力资源供给充沛，而且大部分企业没有或者有较少的技术需求（如图2.3）。

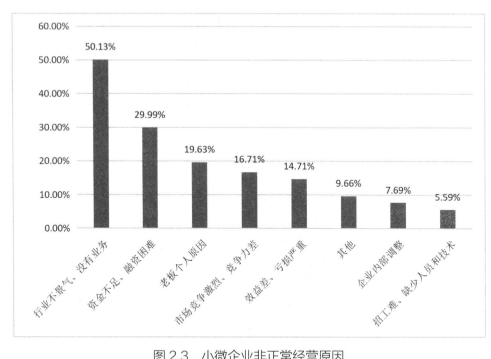

图 2.3　小微企业非正常经营原因

　　分析企业整体经营状况之后，为更加具体地研究小微企业的经营活跃度情况，分析小微企业经营中存在的问题，对小微企业的经营状况与活跃度从融资、投资和管理三个角度进行分析。

第二节
山东省小微企业融资、投资与管理状况分析

1. 小微企业融资状况分析

融资问题一直是小微企业的一个重点问题，国家一直以来也十分重视小微企业的融资情况，多次出台相关措施。小微企业的资金流动是否通畅，融资渠道是否多样方便，在一定程度上决定了小微企业是否有正常的存活率以及是否有发展可能性。

调查显示，仅有 1.42% 的企业认为目前资金很宽裕，有 2.49% 的企业认为目前资金宽裕。而认为资金紧张的企业有 25.21%，9.25% 的企业认为资金非常紧张，其余 61.63% 的企业认为资金处于正常状况。可以看出，有六成的小微企业在资金上处于正常状态，说明政府推出的一系列优惠政策有一定的成效，尤其是在疫情的大环境下，大部分的小微企业还没有出现资金问题。但是，不容忽视的是 34% 左右的小微企业还处在资金紧张的状态。小微企业规模小，风险高，融资难的问题依然需要优化和解决（如图 2.4）。

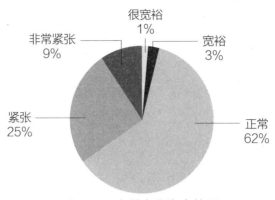

图 2.4　小微企业资金状况

再看小微企业的融资方式，调查显示，有 29.03% 的企业融资方式依靠自有融资，这也符合小微企业规模较小的特点，依靠自有资金就能满足其融资需求。银行贷款占 49.8%，其中国有银行贷款占 28.89%，民营银行占 11.03%，村镇银行占 9.88%。这一方面说明国有银行的垄断地位，另一方面也体现小微企业借助地方和民营银行平台进行融资更为便利。投资者投入资金占比 22.75%，民间借贷占小微企业融资的 17.35%，而剩下的上市、发可转债等方式融资的企业仅占 1.43%。可以看出，小微企业的主要融资方式依靠自筹资金和银行贷款（如图 2.5）。

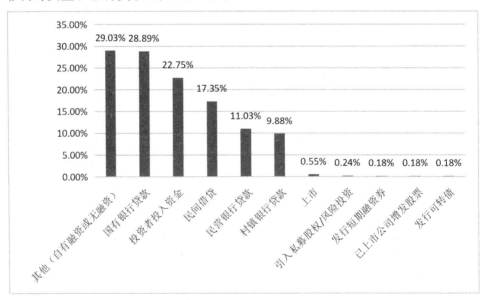

图 2.5　小微企业融资方式

2. 小微企业投资状况分析

从投资的角度来看，由于小微企业规模小、资金少的特点，其投资方向也相对较少，主要集中在对固定资产和原材料的投资。调查显示，开业至今，有30.24%的小微企业购买过原材料，这一数据在最近一年只有14.9%。在固定资产再投资方面，数据显示未进行过固定资产再投资的小微企业占比为62.25%，只有37.75%的小微企业自成立以来进行了固定资产再投资。其中，从投资项目上看，投资其他与生产经营活动有关的设备、器具、工具等的占19.27%，投资机器、机械设备的占比19.16%，投资运输工具的占15.72%，投资厂房屋、建筑物的占10.64%（如图2.6）。

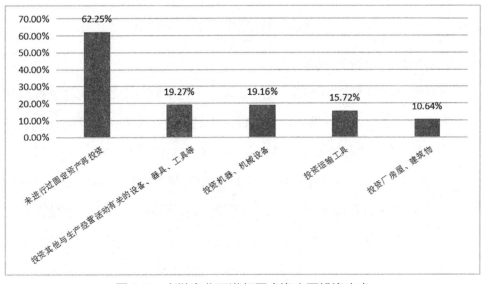

图 2.6　小微企业已进行固定资产再投资方向

对小微企业未来一年固定资产再投资意向进行分析，71.76%的小微企业未来一年没有投资意向。未来一年有再投资意向的企业，投资其他与生产经营活动有关的设备、器具、工具等的企业占比最多为14.18%，投资机器、机械设备的占12.43%，投资运输工具的占11.66%，投资厂房屋、建筑物的占6.79%。可以看出小微企业投资确实存在困难，这也符合小微企业本身资金少的特点，大部分的企业甚至对固定资产都没有投资意愿，一方面可能是没有需求，另一方面也反映出投资渠道窄，难度大（如图 2.7）。

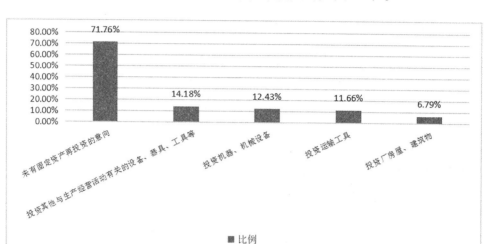

图 2.7　小微企业未来一年固定资产再投资方向

3. 小微企业管理状况分析

近年来，随着经济的不断发展，市场竞争的加剧，企业越来越重视自身的素质，小微企业为了能够更好更久地在市场中生存发展，也开始重视自身的培训工作，人力资源培训是小微企业管理活动的重要组成部分。调查显示，参加过内、外部培训的企业比例分别为 32.63% 和 15.26%，其中开业至今参加过内部培训的企业有 27.56%，近一年这一比例只有 13.93%。小微企业的培训方向主要是人力资源的培训。涉及培训的企业主要有发展状况良好，正确认识市场状况和自身需求等特点，而没有参加培训的企业的主要原因可能是为认为培训没有作用、对自身需求认识不足、缺乏相应的培训资金或条件，等等。

第三节
山东省小微企业经营活跃度分析

1. 小微企业经营活跃度总体状况分析

2019 年的数据显示，小微企业中不活跃的企业占 35.5%，低活跃企业占 23.6%，中活跃企业占比为 19.2%，高活跃企业占比 21.7%。低中高活跃企业合计 64.5%。分析得出，到 2019 年，已经有大约六成的小微企业处于活跃的状态，高活跃状态的小微企业达到了 21.7%，说明我省小微企业的经营活跃度状态比较良好（见表 2.1）。

表 2.1 山东小微企业经营活跃状况的分年分析

	2015 年	2016 年	2017 年	2018 年	2019 年
不活跃	47.4%	44.9%	42.5%	40.6%	35.5%
低活跃	25.6%	25.2%	24.7%	24.4%	23.6%
中活跃	15.7%	16.4%	17.1%	17.7%	19.2%
高活跃	11.4%	13.5%	15.7%	17.3%	21.7%

从小微企业经营活跃度的变化趋势来看，虽然不活跃的小微企业还占比三成，但中高活跃度的小微企业比例呈现出逐年递增的态势，而不活跃的小微企业比例已经从 2015 年的 47.4% 逐步降低到了 2019 年的 35.5%。这一数据说明我省商事改革以及一系列相关的小微企业扶持政策取得了一定的效果，积极响应并落实了以习近平总书记为核心的党中央对小微企业出台的相关政策（如图 2.8）。

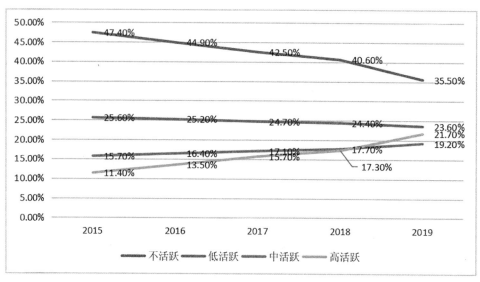

图 2.8　山东省小微企业经营活跃度变化趋势

从区域划分来看，不同地区的小微企业各类经营活跃度状况如下：

首先，高活跃度的状况分析，从活跃度的绝对值来看，山东省不同地区 2019 年中高活跃度基本分别维持在 20% 上下，总体上活跃状况比较良好。在区域高活跃度这一层级中，活跃度最高的地区是菏泽，为 29.4%，活跃度最低的地区是济宁，只有 14.9%。在区域中活跃度层级中，临沂最高达到了 21.7%，滨州最低为 12.8%。从变化趋势上看，每个区域的经营中高活跃度状况也基本呈现出逐年递增的趋势，这与上文分析的总体状况保持一致，说明山东省对于小微企业政策上的扶持与推动比较全面（见表 2.2，图 2.9，表 2.3，图 2.10）。

表 2.2　区域企业经营高活跃度情况

地市	2015 年区域企业经营活跃度	2016 年区域企业经营活跃度	2017 年区域企业经营活跃度	2018 年区域企业经营活跃度	2019 年区域企业经营活跃度
东营	9.2%	11.7%	14.8%	15.4%	19.3%
临沂	14.0%	16.4%	19.1%	22.1%	26.1%
威海	10.1%	12.0%	12.9%	14.5%	18.8%
德州	11.0%	13.4%	15.2%	16.6%	20.8%
日照	10.4%	13.3%	16.0%	17.2%	21.8%
枣庄	11.8%	15.1%	18.0%	19.0%	22.6%
泰安	14.6%	16.0%	17.3%	19.7%	23.7%
济南	8.3%	10.7%	13.3%	14.5%	19.2%

（续表）

地市	2015 年区域企业经营活跃度	2016 年区域企业经营活跃度	2017 年区域企业经营活跃度	2018 年区域企业经营活跃度	2019 年区域企业经营活跃度
济宁	6.4%	8.5%	10.7%	11.6%	14.9%
淄博	8.2%	9.9%	12.6%	14.5%	19.1%
滨州	7.7%	9.1%	11.9%	13.6%	18.4%
潍坊	13.0%	14.7%	16.6%	17.1%	22.6%
烟台	12.5%	14.6%	16.6%	18.2%	23.6%
聊城	12.6%	14.9%	17.7%	18.9%	23.8%
菏泽	19.0%	21.6%	23.2%	25.7%	29.4%
青岛	7.8%	10.0%	11.8%	13.0%	17.8%

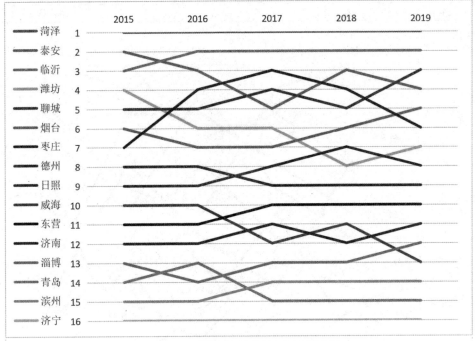

图 2.9　区域企业经营高活跃度情况

表 2.3　区域企业经营中活跃度情况

地市	2015 年区域企业经营活跃度	2016 年区域企业经营活跃度	2017 年区域企业经营活跃度	2018 年区域企业经营活跃度	2019 年区域企业经营活跃度
东营	14.5%	16.8%	16.0%	16.8%	20.3%
临沂	18.4%	19.6%	20.3%	19.6%	21.7%
威海	15.6%	16.0%	18.6%	18.6%	20.2%
德州	16.5%	15.7%	16.6%	19.0%	18.8%
日照	18.7%	18.7%	18.0%	18.9%	21.2%
枣庄	16.7%	15.1%	16.4%	17.1%	16.7%

地市	2015 年区域企业经营活跃度	2016 年区域企业经营活跃度	2017 年区域企业经营活跃度	2018 年区域企业经营活跃度	2019 年区域企业经营活跃度
泰安	16.0%	17.5%	19.1%	19.2%	19.2%
济南	14.2%	15.6%	14.2%	17.3%	16.8%
济宁	12.4%	13.0%	13.2%	13.2%	16.0%
淄博	16.5%	18.2%	18.9%	20.6%	20.8%
滨州	11.1%	12.2%	11.6%	11.6%	12.8%
潍坊	14.5%	14.6%	15.4%	16.4%	17.3%
烟台	17.1%	17.8%	18.5%	19.2%	21.3%
聊城	15.5%	15.8%	15.7%	17.1%	19.3%
菏泽	15.6%	17.4%	19.8%	18.8%	20.8%
青岛	14.8%	15.0%	16.5%	17.3%	18.0%

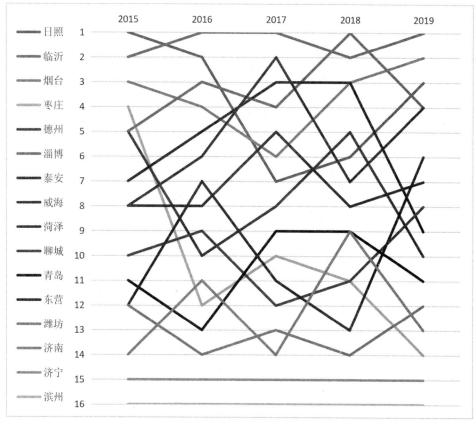

图 2.10 区域企业经营中活跃度情况

其次，低活跃度的状况分析，从调查统计的图表可以看出，不同区域的小微企业低活跃度的比例总体上在缓慢地降低，说明各个地区的小微企业低活跃度状况在得到不断改善（见表 2.4，图 2.11）。

表 2.4 区域企业经营低活跃度情况

地市	2015 年区域企业活跃度	2016 年区域企业活跃度	2017 年区域企业活跃度	2018 年区域企业活跃度	2019 年区域企业活跃度
东营	26.8%	25.0%	25.8%	26.6%	23.1%
临沂	31.8%	30.7%	29.4%	27.8%	26.1%
威海	27.7%	27.7%	26.7%	27.6%	26.7%
德州	23.4%	24.1%	24.1%	24.5%	24.9%
日照	23.2%	23.0%	23.4%	22.8%	21.6%
枣庄	17.7%	18.7%	17.1%	19.0%	19.0%
泰安	24.7%	23.2%	24.2%	22.9%	22.4%
济南	24.4%	23.0%	24.6%	23.2%	25.4%
济宁	23.2%	23.0%	22.6%	24.1%	23.5%
淄博	30.0%	29.1%	27.9%	26.4%	26.4%
滨州	19.6%	20.7%	20.1%	21.0%	20.4%
潍坊	23.1%	23.6%	23.1%	22.8%	22.3%
烟台	28.8%	28.5%	27.7%	25.7%	24.8%
聊城	24.8%	24.8%	25.1%	23.2%	20.9%
菏泽	26.6%	24.3%	21.7%	21.7%	21.4%
青岛	25.0%	25.8%	24.8%	25.3%	26.3%

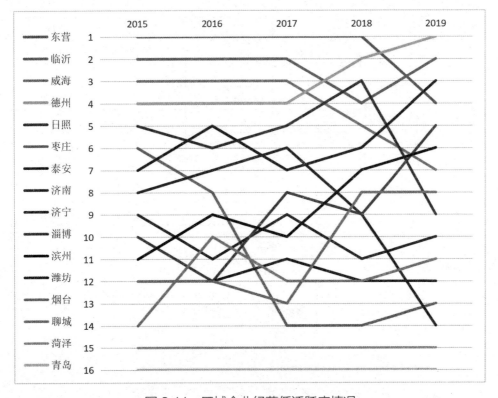

图 2.11 区域企业经营低活跃度情况

最后，小微企业不活跃状况的分析，从图表中可以看出，到 2019 年各个区域的小微企业不活跃的比例基本集中在 30%～40%，比 2015 年的 50%～60% 的比例大约降低了 20 个百分点。其中，不活跃度比例最低的地区是临沂，为 26.1%。最高的滨州达到了 48.4%，可以看出不同区域之间的小微企业不活跃状况差距比较大，一方面这可能与地区本身的营商环境有关，另一方面也可能是政策落实得不到位（见表 2.5，图 2.12）。

表 2.5　区域企业经营不活跃度情况

地市	2015 年区域企业经营活跃度	2016 年区域企业经营活跃度	2017 年区域企业经营活跃度	2018 年区域企业经营活跃度	2019 年区域企业经营活跃度
东营	49.6%	46.5%	43.4%	41.2%	37.3%
临沂	35.9%	33.3%	31.3%	30.6%	26.1%
威海	46.6%	44.2%	41.8%	39.3%	34.3%
德州	49.2%	46.8%	44.1%	39.9%	35.5%
日照	47.7%	45.0%	42.7%	41.1%	35.3%
枣庄	53.8%	51.2%	48.5%	44.9%	41.6%
泰安	44.7%	43.3%	39.4%	38.1%	34.6%
济南	53.1%	50.7%	47.9%	45.0%	38.6%
济宁	58.0%	55.5%	53.6%	51.1%	45.6%
淄博	45.3%	42.9%	40.7%	38.5%	33.7%
滨州	61.8%	58.1%	56.4%	53.8%	48.4%
潍坊	49.3%	47.1%	44.8%	43.7%	37.8%
烟台	41.6%	39.1%	37.3%	36.9%	30.3%
聊城	47.1%	44.6%	41.5%	40.9%	35.9%
菏泽	38.8%	36.8%	35.3%	33.7%	28.4%
青岛	52.5%	49.3%	47.0%	44.5%	38.0%

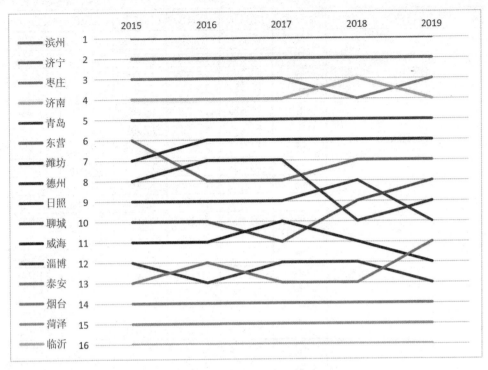

图 2.12 区域企业经营不活跃度情况

从行业的划分来看，不同行业的小微企业各类经营活跃度状况如下：

2019 年活跃度最高的行业是制造业，低中高活跃度比例为73.4%，且其高活跃度的 29.5% 的比例也是所有行业中最高。而活跃度最低的行业是租赁和商务服务行业以及其他，不活跃的比例达到了 38.2%。各行业之间的活跃度对比来看表现得比较均衡，没有出现某一行业活跃度特别异常的状况。再看变化趋势，可能是由于整体大环境的影响以及政策上的广泛覆盖，各类行业的小微企业活跃度状况呈现出良好的向上趋势。不活跃与低活跃的小微企业在逐年减少，不断转变为中高活跃度的小微企业（见表 2.6）。

表 2.6 分行业经营活跃度情况

行业	活跃度	2015	2016	2017	2018	2019
交通运输、仓储和邮政业	高	9.4%	10.2%	12.6%	14.1%	20.0%
	中	15.3%	18.0%	18.0%	17.7%	17.3%
	低	23.9%	23.9%	22.4%	25.5%	24.7%
	不	51.4%	47.8%	47.1%	43.8%	38.0%

（续表）

行业	活跃度	2015	2016	2017	2018	2019
信息传输、软件和信息技术服务业	高	12.6%	13.6%	15.0%	16.3%	20.3%
	中	13.8%	15.5%	17.7%	19.7%	20.7%
	低	25.2%	25.6%	24.0%	23.4%	23.2%
	不	48.4%	45.3%	43.3%	40.7%	35.8%
其他	高	11.5%	13.7%	15.8%	17.3%	21.7%
	中	16.5%	17.1%	17.4%	17.7%	19.1%
	低	23.3%	22.7%	22.5%	22.2%	21.2%
	不	48.7%	46.5%	44.4%	42.8%	38.2%
农、林、牧、渔业	高	14.0%	15.7%	17.9%	18.9%	23.3%
	中	17.9%	19.1%	19.9%	21.9%	23.3%
	低	26.1%	26.6%	26.8%	25.0%	23.3%
	不	42.1%	38.6%	35.5%	34.2%	30.1%
制造业	高	16.1%	18.2%	21.5%	23.4%	29.5%
	中	19.8%	19.5%	19.5%	20.0%	21.2%
	低	27.6%	27.3%	26.4%	25.0%	22.8%
	不	36.5%	35.0%	32.6%	31.7%	26.6%
居民服务、修理和其他服务业	高	10.4%	13.3%	16.4%	16.6%	21.1%
	中	14.7%	15.7%	14.1%	16.8%	18.6%
	低	27.8%	27.2%	28.2%	27.0%	28.0%
	不	47.2%	43.8%	41.3%	39.5%	32.3%
建筑业	高	10.9%	12.6%	15.1%	17.4%	21.5%
	中	13.8%	14.8%	15.7%	16.1%	17.3%
	低	25.2%	24.9%	24.4%	23.6%	23.4%
	不	50.2%	47.7%	44.8%	42.9%	37.9%
房地产业	高	14.9%	15.7%	18.2%	19.8%	23.1%
	中	14.9%	15.7%	15.7%	18.2%	24.8%
	低	25.6%	28.9%	28.1%	24.8%	19.0%
	不	44.6%	39.7%	38.0%	37.2%	33.1%
批发和零售业	高	10.0%	12.5%	14.2%	15.8%	20.0%
	中	15.1%	15.6%	17.1%	17.2%	18.1%
	低	25.7%	25.1%	24.5%	25.0%	24.7%
	不	49.3%	46.8%	44.3%	42.0%	37.2%
科学研究和技术服务业	高	8.9%	12.0%	13.9%	16.2%	18.5%
	中	15.1%	14.7%	13.9%	13.1%	19.3%
	低	27.4%	25.9%	26.6%	26.6%	27.3%
	不	48.7%	47.5%	45.6%	44.0%	35.1%
租赁和商务服务业	高	9.42%	12.3%	14.7%	16.2%	19.8%
	中	13.8%	14.7%	15.0%	16.4%	19.8%
	低	27.1%	25.6%	25.1%	23.7%	22.2%
	不	49.8%	47.3%	45.2%	43.7%	38.2%

2. 小微企业融资活跃度状况分析

从区域的划分来看，不同地区的小微企业融资状况如下：

调查统计分析显示，各地区不活跃的小微企业占比均值为 40.70%，其中，济宁的小微企业融资活跃度最低，占比为 48.28%，滨州其次为 47.03%。各地区高活跃度的小微企业占比均值为 34.39%，融资活跃度最高的地区是枣庄，占比 40.33%。在所有的地区中，融资不活跃与融资低活跃的小微企业占比之和全部超过了五成，小微企业融资活跃度情况并不乐观，这说明小微企业融资难融资贵的问题可能依然存在（见表 2.7）。

表 2.7 分地区融资活跃度情况

地市	不活跃度	低活跃度	中活跃度	高活跃度
济南	43.13%	17.54%	9.00%	30.33%
青岛	38.50%	18.75%	6.00%	36.75%
淄博	37.77%	17.19%	9.69%	35.35%
枣庄	36.72%	16.39%	6.56%	40.33%
东营	43.36%	15.82%	7.42%	33.40%
烟台	40.06%	17.11%	5.42%	37.41%
潍坊	39.21%	16.61%	8.73%	35.45%
济宁	48.28%	19.91%	3.45%	28.37%
泰安	38.14%	17.47%	7.05%	37.34%
威海	40.95%	18.55%	8.75%	31.75%
日照	40.15%	16.99%	9.27%	33.59%
临沂	38.41%	16.91%	10.99%	33.70%
德州	39.67%	16.45%	7.68%	36.20%
聊城	39.94%	16.45%	9.90%	33.71%
滨州	47.03%	15.86%	4.82%	32.29%
菏泽	39.86%	18.66%	7.25%	34.24%

从行业划分来看，不同行业的小微企业融资状况如下：各类行业的小微企业的融资状况呈现出"两头重，中间轻"的现象，即高融资活跃度和不活跃小微企业占比多，中活跃度小微企业占比几乎都在 10% 以内。通过这种现象可以发现，小微企业要么就积极参与融资，要么就很少融资。融资不活跃的小微企业行业占比均值为 40.03%，其中融资不活跃占比最高的行业为租赁

和商务服务业，占比为44.44%，最低的房地产行业占比也达到了34.71%，从行业的融资活跃度来看，也能体现小微企业目前存在的融资问题（见表2—8）。

表2.8 分行业融资活跃度情况

行业	不活跃	低活跃	中活跃	高活跃
房地产业	34.71%	23.97%	2.48%	38.84%
建筑业	43.00%	17.62%	8.16%	31.22%
交通运输、仓储和邮政业	35.69%	21.57%	10.59%	32.16%
居民服务、修理和其他服务业	40.51%	18.59%	6.46%	34.44%
科学研究和技术服务业	42.08%	19.69%	6.56%	31.66%
农、林、牧、渔业	36.79%	15.85%	9.29%	38.07%
批发和零售业	40.58%	17.53%	7.30%	34.59%
其他	42.31%	16.86%	8.06%	32.78%
信息传输、软件和信息技术服务业	44.11%	17.28%	7.32%	31.30%
制造业	36.07%	15.49%	9.36%	39.08%
租赁和商务服务业	44.44%	15.70%	5.80%	34.06%

3. 小微企业投资活跃度状况分析

从区域划分来看，小微企业投资活跃度状况如下：

首先来看小微企业投资活跃的状况（高中低），根据统计，2019年小微企业投资活跃的占比均值为37.22%，可以看出小微企业在投资方面的活动并不多，符合小微企业规模小资金少的特点。在2019年投资高活跃度层级中，临沂占比最多为22.10%，济宁依然占比最低只有10.50%。从投资活跃度的变化趋势来看，2015年小微企业投资活跃度占比均值为20.83%，最近几年呈现出稳定增长的趋势，这也能够看出小微企业的资金状况和投资意识在逐步加强，以及政府相关政策的推动产生了积极的效果（见表2.9—2.11，图2.13—2.15）。

表2.9 分地区小微企业高投资活跃度

	2015	2016	2017	2018	2019
济南	4.03%	6.64%	9.00%	10.19%	13.51%
青岛	3.00%	3.50%	5.50%	8.00%	12.00%
淄博	4.84%	6.54%	9.44%	9.93%	13.08%
枣庄	5.90%	8.52%	11.15%	13.44%	15.74%

（续表）

	2015	2016	2017	2018	2019
东营	4.88%	6.64%	8.79%	9.38%	13.28%
烟台	7.37%	10.15%	11.82%	13.21%	17.66%
潍坊	6.34%	7.71%	10.10%	11.13%	16.27%
济宁	2.51%	3.76%	5.64%	7.37%	10.50%
泰安	4.33%	5.61%	7.21%	9.46%	14.74%
威海	3.86%	5.93%	6.53%	8.16%	13.50%
日照	5.21%	7.53%	9.85%	10.62%	15.64%
临沂	7.25%	11.23%	13.41%	16.30%	22.10%
德州	4.02%	6.76%	8.59%	11.33%	14.26%
聊城	5.91%	8.31%	10.22%	13.42%	16.13%
滨州	3.40%	4.82%	7.08%	7.65%	13.31%
菏泽	12.32%	13.41%	15.22%	17.21%	19.57%

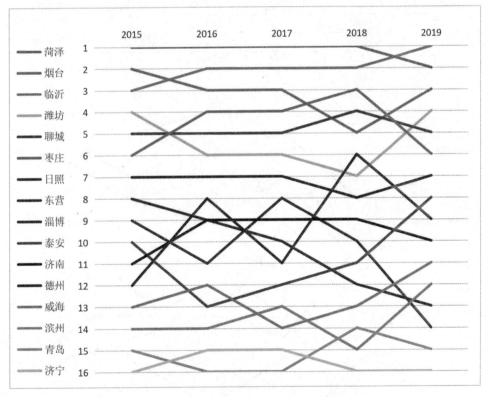

图 2.13 区域高投资活跃度情况

表 2.10　分地区小微企业中投资活跃度

	2015	2016	2017	2018	2019
济南	6.16%	7.82%	6.87%	7.82%	9.00%
青岛	3.75%	6.50%	6.50%	5.75%	8.50%
淄博	7.26%	8.23%	9.69%	11.62%	11.38%
枣庄	4.92%	3.61%	3.61%	6.56%	6.89%
东营	4.49%	7.03%	7.42%	8.59%	11.13%
烟台	5.98%	6.54%	6.40%	7.09%	9.60%
潍坊	6.16%	7.19%	7.88%	8.73%	9.76%
济宁	4.70%	5.96%	6.74%	7.05%	7.99%
泰安	8.81%	9.78%	9.78%	11.06%	9.94%
威海	6.97%	7.12%	8.90%	9.50%	10.39%
日照	6.37%	8.88%	8.88%	10.23%	11.58%
临沂	10.14%	10.27%	11.11%	11.23%	13.53%
德州	8.59%	7.50%	7.31%	7.68%	9.14%
聊城	6.39%	6.71%	7.03%	7.19%	8.79%
滨州	4.82%	5.95%	5.95%	5.95%	7.65%
菏泽	7.25%	9.78%	10.51%	10.51%	12.86%

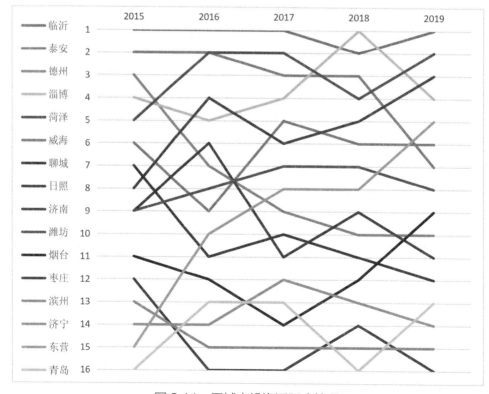

图 2.14　区域中投资活跃度情况

表 2.11　分地区小微企业低投资活跃度

	2015	2016	2017	2018	2019
济南	7.82%	8.53%	7.82%	8.77%	9.00%
青岛	7.50%	8.00%	8.75%	11.25%	10.50%
淄博	8.47%	8.47%	8.23%	9.20%	13.08%
枣庄	10.16%	11.48%	13.11%	10.49%	14.10%
东营	8.98%	10.16%	9.96%	11.33%	11.91%
烟台	9.32%	9.32%	11.27%	11.68%	13.07%
潍坊	9.93%	10.27%	9.59%	9.08%	11.30%
济宁	7.05%	7.52%	7.99%	8.31%	12.85%
泰安	8.49%	11.54%	12.98%	12.18%	11.86%
威海	10.39%	11.87%	12.46%	13.20%	13.50%
日照	10.42%	9.85%	9.46%	9.65%	10.04%
临沂	12.08%	11.96%	13.41%	13.65%	14.49%
德州	7.86%	8.96%	10.97%	10.42%	12.25%
聊城	8.31%	7.99%	9.74%	9.11%	12.78%
滨州	9.92%	10.48%	11.90%	13.60%	12.46%
菏泽	8.70%	10.33%	12.68%	12.14%	12.86%

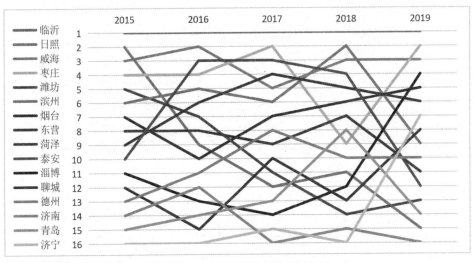

图 2.15　区域低投资活跃度情况

其次来看小微企业投资不活跃的状况，2019 年小微企业投资不活跃占比均值为 62.78%，可以看出小微企业投资方面还存在很大的提升空间，当然，不活跃小微企业的比例逐年降低，这是政策与环境带来的良好效果，可以进一步改良跟进（见表 2.12，图 2.16）。

表 2.12 分地区小微企业投资不活跃度

	2015	2016	2017	2018	2019
济南	81.99%	77.01%	76.30%	73.22%	68.48%
青岛	85.75%	82.00%	79.25%	75.00%	69.00%
淄博	79.42%	76.76%	72.64%	69.25%	62.47%
枣庄	79.02%	76.39%	72.13%	69.51%	63.28%
东营	81.64%	76.17%	73.83%	70.70%	63.67%
烟台	77.33%	73.99%	70.51%	68.01%	59.67%
潍坊	77.57%	74.83%	72.43%	71.06%	62.67%
济宁	85.74%	82.76%	79.62%	77.27%	68.65%
泰安	78.37%	73.08%	70.03%	67.31%	63.46%
威海	78.78%	75.07%	72.11%	69.14%	62.61%
日照	77.99%	73.75%	71.81%	69.50%	62.74%
临沂	70.53%	66.55%	62.08%	58.82%	49.88%
德州	79.52%	76.78%	73.13%	70.57%	64.35%
聊城	79.39%	77.00%	73.00%	70.29%	62.30%
滨州	81.87%	78.75%	75.07%	72.80%	66.57%
菏泽	71.74%	66.49%	61.59%	60.14%	54.71%

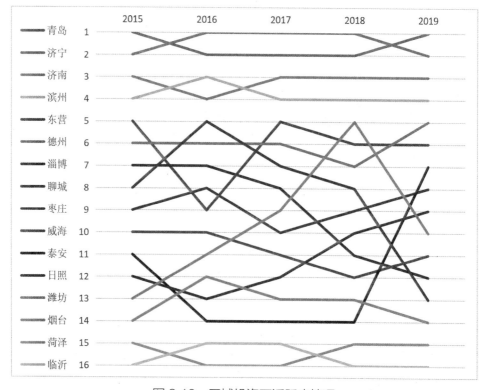

图 2.16 区域投资不活跃度情况

从行业的划分来看，小微企业投资活跃度状况如下：行业的总体投资活跃度情况和区域投资活跃度情况类似，2019 年行业投资活跃的小微企业（高中低）占比均值为 38.06%，相应的投资不活跃的小微企业占比均值为 61.94%。其中，2019 年制造业的投资活跃度最高，占比 18.03%，科学研究和技术服务业的投资活跃度最低，占 13.51%。从变化趋势看，各行业投资活跃度基本也在逐步递增（见表 2.13—2.16，图 2.17—2.20）。

表 2.13　分行业小微企业高活跃度

行业	2015	2016	2017	2018	2019
房地产业	7.44%	8.26%	10.74%	14.88%	15.70%
建筑业	4.73%	6.85%	9.47%	11.98%	15.91%
交通运输、仓储和邮政业	4.71%	5.88%	7.84%	9.41%	14.51%
居民服务、修理和其他服务业	5.28%	7.44%	9.00%	9.78%	13.89%
科学研究和技术服务业	5.02%	6.56%	6.95%	10.04%	13.51%
农、林、牧、渔业	7.83%	8.93%	11.84%	13.30%	17.49%
批发和零售业	4.65%	6.90%	8.64%	10.16%	14.66%
其他	6.00%	8.59%	10.26%	12.06%	15.59%
信息传输、软件和信息技术服务业	6.50%	7.32%	9.35%	11.38%	15.65%
制造业	6.36%	9.25%	11.79%	12.95%	18.03%
租赁和商务服务业	5.07%	6.28%	7.97%	10.87%	14.01%

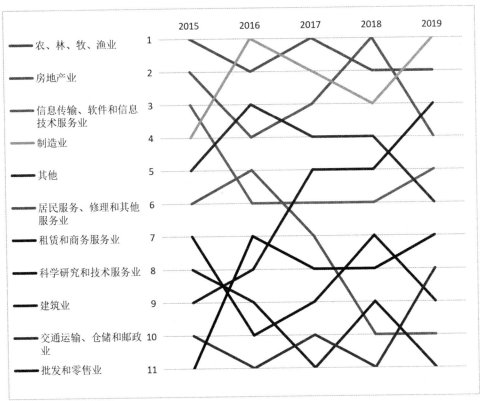

图 2.17　分行业小微企业高活跃度情况

表 2.14　分行业小微企业中活跃度

	2015	2016	2017	2018	2019
房地产业	7.44%	7.44%	8.26%	7.44%	10.74%
建筑业	7.45%	8.56%	8.86%	8.46%	10.27%
交通运输、仓储和邮政业	3.92%	5.49%	5.10%	8.24%	9.41%
居民服务、修理和其他服务业	5.48%	8.02%	7.83%	8.02%	11.55%
科学研究和技术服务业	3.86%	5.41%	5.79%	5.79%	8.11%
农、林、牧、渔业	8.01%	10.56%	10.38%	10.75%	12.20%
批发和零售业	6.79%	7.62%	7.91%	8.89%	9.36%
其他	6.06%	6.26%	7.26%	7.79%	9.33%
信息传输、软件和信息技术服务业	4.88%	6.30%	6.30%	7.32%	9.35%
制造业	9.71%	9.36%	9.60%	11.33%	12.83%
租赁和商务服务业	4.83%	6.76%	8.94%	8.45%	9.66%

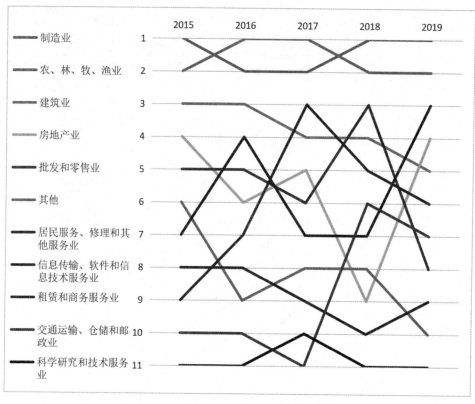

图 2.18 分行业小微企业中活跃度情况

表 2.15 分行业小微企业低活跃度

	2015	2016	2017	2018	2019
房地产业	8.26%	10.74%	13.22%	13.22%	11.57%
建筑业	9.47%	9.26%	9.77%	9.57%	11.78%
交通运输、仓储和邮政业	10.20%	10.98%	12.55%	9.80%	10.59%
居民服务、修理和其他服务业	8.41%	8.22%	10.37%	10.76%	10.57%
科学研究和技术服务业	10.04%	10.42%	11.97%	13.13%	13.51%
农、林、牧、渔业	9.11%	10.38%	11.66%	13.11%	14.03%
批发和零售业	8.71%	9.44%	10.42%	10.96%	12.27%
其他	7.93%	8.79%	9.59%	10.06%	11.39%
信息传输、软件和信息技术服务业	9.35%	10.77%	11.18%	11.38%	12.20%
制造业	11.79%	12.37%	13.53%	12.14%	14.68%
租赁和商务服务业	10.63%	11.84%	10.39%	11.11%	14.25%

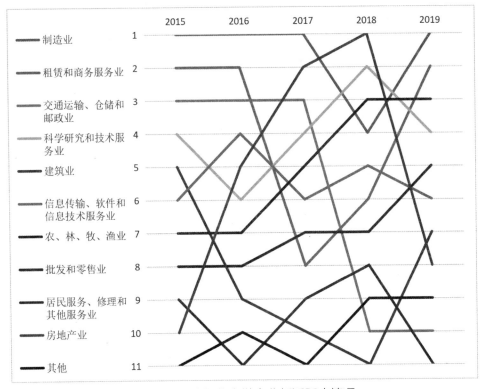

图 2.19　分行业小微企业低活跃度情况

表 2.16　分行业小微企业不活跃度

	2015	2016	2017	2018	2019
房地产业	76.86%	73.55%	67.77%	64.46%	61.98%
建筑业	78.35%	75.33%	71.90%	69.99%	62.03%
交通运输、仓储和邮政业	81.18%	77.65%	74.51%	72.55%	65.49%
居民服务、修理和其他服务业	80.82%	76.32%	72.80%	71.43%	63.99%
科学研究和技术服务业	81.08%	77.61%	75.29%	71.04%	64.86%
农、林、牧、渔业	75.05%	70.13%	66.12%	62.84%	56.28%
批发和零售业	79.85%	76.04%	73.03%	69.98%	63.70%
其他	80.01%	76.35%	72.88%	70.09%	63.69%
信息传输、软件和信息技术服务业	79.27%	75.61%	73.17%	69.92%	62.80%
制造业	72.14%	69.02%	65.09%	63.58%	54.45%
租赁和商务服务业	79.47%	75.12%	72.71%	69.57%	62.08%

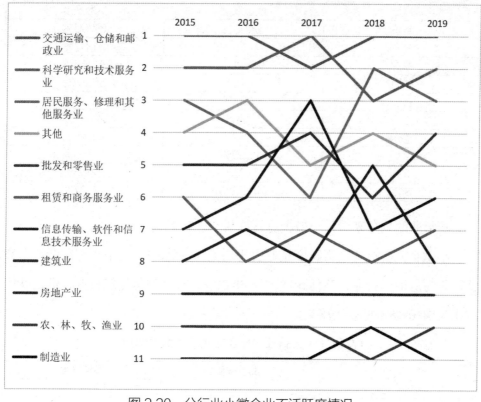

图 2.20 分行业小微企业不活跃度情况

4. 小微企业管理活跃度状况分析

从区域的划分来看，小微企业管理活跃度如下：

小微企业各地区高活跃企业占比均值为 36.89%，其中，管理活跃度最高的地区是菏泽，高活跃度占比为 51.27%，最低的地区是滨州，低活跃度占比为 77.05%（见表 2.17）。

表 2.17 分地区小微企业管理活跃度情况

	低活跃度	高活跃度
济南	63.03%	36.97%
青岛	63.25%	36.75%
淄博	72.15%	27.85%
枣庄	63.28%	36.72%
东营	64.45%	35.55%
烟台	53.96%	46.04%

	低活跃度	高活跃度
潍坊	62.50%	37.50%
济宁	68.18%	31.82%
泰安	58.81%	41.19%
威海	63.20%	36.80%
日照	57.53%	42.47%
临沂	73.79%	26.21%
德州	58.32%	41.68%
聊城	61.50%	38.50%
滨州	77.05%	22.95%
菏泽	48.73%	51.27%

从行业的划分来看，小微企业管理活跃度如下：

小微企业各行业高活跃度企业占比均值为 39.56%，其中管理活跃度最高的行业为房地产行业，高活跃度占比 48.76%，最低的是建筑行业，低活跃度占比为 70.09%（见表 2.18）。

表 2.18　分行业小微企业管理活跃度情况

	低活跃度	高活跃度
房地产业	51.24%	48.76%
建筑业	70.09%	29.91%
交通运输、仓储和邮政业	64.31%	35.69%
居民服务、修理和其他服务业	56.95%	43.05%
科学研究和技术服务业	55.60%	44.40%
农、林、牧、渔业	65.39%	34.61%
批发和零售业	66.75%	33.25%
其他	59.09%	40.91%
信息传输、软件和信息技术服务业	56.50%	43.50%
制造业	58.27%	41.73%
租赁和商务服务业	60.63%	39.37%

从区域和行业共同分析，小微企业管理高活跃度都不超过四成，在管理活动上，小微企业还需要政府的引导以及自身投入的加强。

第四节
小结

1. 小微企业经营活跃度状况不断改善，整体状况良好，但仍然存在不足

根据小微企业的经营状况以及活跃度相关调查显示，2019 年小微企业中不活跃的企业占 35.5%，低活跃企业占 23.6%，中活跃企业占比为 19.2%，高活跃企业占比 21.7%。低中高活跃企业合计 64.5%。分析得出，到 2019 年，已经有大约六成的小微企业处于活跃的状态，高活跃状态的小微企业达到了 21.7%，说明我省小微企业的经营活跃度状态比较良好。从小微企业经营活跃度的变化趋势来看，虽然不活跃的小微企业还占比三成，但中高活跃度的小微企业比例呈现出逐年递增的态势，而不活跃的小微企业比例已经从 2015 年的 47.4% 逐步降到了 2019 年的 35.5%。这一数据说明我省商事改革以及一系列相关的小微企业扶持政策取得了一定的效果，积极响应并落实了以习近平总书记为代表的党中央对小微企业出台的相关政策。不足之处在于，依然有三成的小微企业处于不活跃的状态，低活跃度的小微企业占比也高达 23.6%，两者之和占比为 59.1%，说明小微企业的经营活跃度整体质量还有待加强，相关政策还需调整或者进一步落实到位。

2. 融资投资及管理活跃度逐年向好，但相关问题仍需解决

根据调查统计分析，山东省各地区不活跃的小微企业占比均值为 40.70%，在所有的地区中，融资不活跃与融资低活跃的小微企业占比都超过了五成，小微企业融资活跃度情况并不乐观，这说明小微企业融资难融资贵的问题可能依然存在。有 37.09% 的企业认为融资难融资贵的问题得到了改善，主要体现在金融机构对小微企业的信贷投放加大方面。这在一定程度上反映了政策上的支持与优惠，以及金融机构的对小微企业的扶持。而 62.91% 的小微企业认为融资难融资贵的问题没有得到改善，根据调查发现，小微企业获取银行等金融机构融资方面面临的最大问题主要集中在银行服务小微企业的能力有限，大约占比为 47.08%，说明很多小微企业依然认为银行给予的支持存在欠缺。根据统计，2019 年小微企业投资活跃的占比均值为 37.22%，从投资活跃度的变化趋势来看，2015 年小微企业投资活跃度占比均值为 20.83%，最近几年呈现出稳定增长的趋势，这也能够看出小微企业的资金状况和投资意识在逐步加强，以及政府相关政策的推动产生了积极的效果。从区域和行业共同分析，小微企业管理高活跃度都不超过四成，在管理活动上，小微企业还需要政府的引导以及自身的投入的加强。

第三章

2015—2020
山东省小微企业
创新活跃度分析

第一节
山东省小微企业创新现状分析

1. 山东省小微企业技术创新现状

技术创新指的是小微企业开发的专利数量情况。调查显示，在技术创新方面，山东省有 197 家（2.21%）企业开业至今申请或购买了专利，有 108 家（1.21%）企业在最近一年申请或购买了专利（见表 3.1）。截至目前，在受调查的 8716 家企业中，共有国内有效专利 1617 项，其中有效发明专利 1243 项。这表明山东省小微企业开发的专利数量较少，技术创新现状不够理想。

表 3.1　山东省小微企业技术创新活动实施情况

开展活动	开业至今	最近一年
申请或购买专利	197 家（2.21%）	108 家（1.21%）

2. 山东省小微企业品牌创新现状

品牌创新指的是小微企业注册的自有商标情况及自有商标带来的收入情况。调查显示，山东省有 433 家（4.87%）企业开业至今注册或被许可使用了商标，204 家（2.29%）企业在最近一年注册或被许可使用了商标。这表明山东省仅有较少的小微企业拥有自主品牌，品牌创新现状不够理想。在多数拥有自有商标的企业中，其自有商标产品收入在 2019 年产品总收入中占到了70% 以上，甚至有部分企业的自有商标产品收入在其 2019 年产品总收入中占到了 100%，这足以说明研发自有商标的重要性（见表 3.2）。

表 3.2 山东省小微企业品牌创新活动实施情况

开展活动	开业至今	最近一年
注册或被许可使用商标	433 家（4.87%）	204 家（2.29%）

3. 山东省小微企业网络创新现状

网络创新指的是小微企业利用网络进行创新活动的情况。调查显示，在被调查企业中，有 67.6% 的企业没有利用互联网开展任何商业活动，有网络商业行为企业的比例占 32.4%。企业通过互联网开展的商业活动按照从高到低依次为：进行招聘活动的占 14.8%，在门户网站投放广告的占 14.3%，开设销售本公司产品 / 服务的网店有 9.01%，建立企业网站的有 8.45%，建立企业微博、微信公众号的占 7.42%，进行搜索引擎竞价排名的占 1.9%。这说明山东省小微企业实施的网络创新活动较少，也没有广泛利用网络实施商业行为（见表 3.3，如图 3.1）。

表 3.3 山东省小微企业网络创新活动实施状况

开展活动	企业占比
招聘	14.8%
在门户网站投放广告	14.3%
开设销售本公司产品 / 服务的网店	9.01%
建立企业网站	8.45%
建立企业微博、微信公众号	7.42%
搜索引擎竞价排名	1.9%
以上均未开展	67.6%

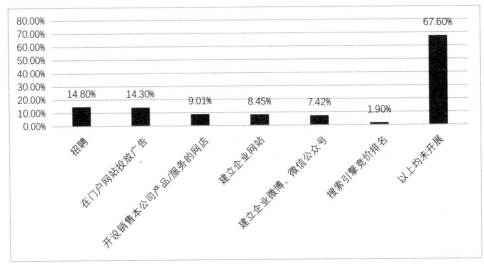

图 3.1　山东省小微企业网络创新活动实施状况

第二节
山东省小微企业创新活跃度分析

1. 山东省小微企业创新活跃度分析

从区域划分来看，不同地区的小微企业创新活跃度情况如下：

山东省各地区的小微企业创新活跃度普遍较低，其中约有65%的小微企业处于不活跃状态，33%左右的小微企业为低活跃状态，仅有2%的小微企业为高活跃状态。这说明山东省政府需要加强政策的指引作用。各地区的创新活跃度情况略有不同，比如烟台地区的创新活跃度较高，有7.65%的小微企业显示了高活跃度，55.08%的小微企业显示了低活跃度，比其他区域的情况好很多，这说明烟台地区政府很好地贯彻落实了相关的政策。而滨州、日照、菏泽、枣庄等地的状况则不太理想，高创新活跃度的小微企业占比不到1%，这些地区的政府需要加强落实相关政策工作，为小微企业创新提供良好的政策支持（见表3.4，图3.2）。

表3.4　区域创新活跃度情况

地市	不活跃	低活跃	高活跃
济南	57.58%	40.52%	1.90%
青岛	69.00%	28.75%	2.25%
淄博	63.92%	34.38%	1.69%

（续表）

地市	不活跃	低活跃	高活跃
枣庄	76.39%	22.62%	0.98%
东营	65.43%	33.01%	1.56%
烟台	37.27%	55.08%	7.65%
潍坊	68.49%	29.28%	2.23%
济宁	73.20%	25.24%	1.57%
泰安	64.90%	32.37%	2.72%
威海	66.02%	32.05%	1.93%
日照	66.41%	32.82%	0.77%
临沂	61.23%	37.20%	1.57%
聊城	59.11%	38.66%	2.24%
滨州	82.44%	17.56%	0.00%
菏泽	68.84%	30.62%	0.54%

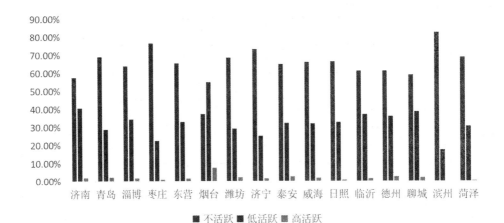

图 3.2 区域创新活跃度情况

从行业划分来看，山东省不同行业的小微企业创新活跃度情况如下：

山东省各行业的小微企业创新活跃度普遍较低，其中约有 63% 的小微企业处于不活跃状态，35% 左右的小微企业为低活跃状态，仅有 2% 的小微企业为高活跃状态。这说明各地市政府需要加强政策的指引作用。各行业的创新活跃度情况略有不同，制造业的创新活跃度比较高，高活跃度的企业占到了 5.55%。而房地产业的创新活跃度则很低，高活跃度的房地产企业占 0.00%，创新情况不理想。这可能是由于房地产企业近几年处于调整恢复期，发展速度减缓，创新活跃度也随之降低。针对这种情况，山东省政府应该颁布一些相关政策，以帮助房地产企业进行创新（见表 3.5，图 3.3）。

表 3.5　行业创新活跃度情况

行业	不活跃	低活跃	高活跃
房地产业	57.02%	42.98%	0.00%
建筑业	73.31%	25.88%	0.81%
交通运输、仓储和邮政业	68.24%	29.80%	1.96%
居民服务、修理和其他服务业	65.95%	33.66%	0.39%
科学研究和技术服务业	55.21%	41.70%	3.09%
农、林、牧、渔业	69.22%	29.14%	1.64%
批发和零售业	64.75%	34.08%	1.16%
其他	61.43%	34.18%	4.40%
信息传输、软件和信息技术服务业	48.98%	48.98%	2.03%
制造业	58.84%	35.61%	5.55%
租赁和商务服务业	66.67%	32.37%	0.97%

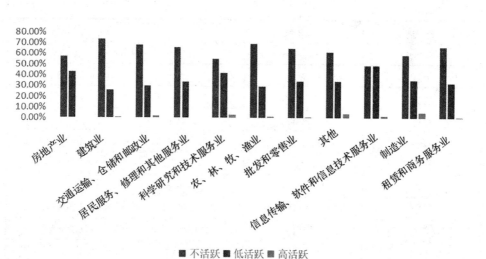

图 3.3　行业创新活跃度情况

2. 山东省小微企业技术创新活跃度分析

从区域划分来看，不同区域的小微企业技术创新活跃度情况如下：

山东省各区域的小微企业创新活跃度普遍很低，其中有 98% 左右的企业都为不活跃状态，1% 左右的企业为低活跃状态，1% 左右的企业为高活跃状态。各地区之间技术创新活跃度状况略有差别。烟台地区高活跃度的小微企业占到了 6.95%，这说明烟台市小微企业发表的专利数量较多，技术创新情况较好，烟台市政府很好地贯彻落实了相关的政策。而济南、滨州等地的技术创新活跃度较低，高活跃度的小微企业仅占 0%，低活跃度的小微企业仅占 1% 左右，99% 的小微企业都为不活跃状态。小微企业不申请专利可能是由于申请时间过长、流程过于烦琐，以及资金不足等原因。济南、滨州等地市政府需要加强有关政策的引导和落实，简化专利申请流程，帮助小微企业融资，鼓励小微企业多申请专利，促进技术创新（见表 3.6，图 3.4）。

表 3.6 区域技术创新活跃度情况

地市	不活跃	低活跃	高活跃
济南	98.82%	1.18%	0.00%
青岛	97.75%	1.25%	1.00%
淄博	98.06%	1.21%	0.73%
枣庄	99.34%	0.33%	0.33%
东营	97.46%	1.56%	0.98%
烟台	92.21%	0.83%	6.95%
潍坊	97.43%	2.05%	0.51%
济宁	97.65%	2.04%	0.31%
泰安	97.12%	2.08%	0.80%
威海	97.77%	1.63%	0.59%
日照	99.03%	0.39%	0.58%
临沂	97.83%	1.93%	0.24%
德州	97.62%	2.01%	0.37%
聊城	97.60%	1.76%	0.64%
滨州	99.72%	0.28%	0.00%
菏泽	98.73%	0.72%	0.54%

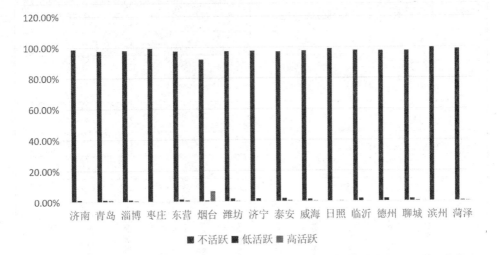

图 3.4 区域技术创新活跃度情况

从行业划分来看，不同行业的小微企业技术创新活跃度情况如下：

山东省各行业的小微企业技术创新活跃度较低，其中约有 97.5% 的小微企业为不活跃状态，1.5% 左右的小微企业为低活跃度状态，仅有 1% 左右的企业为高活跃状态。这说明山东省各行业小微企业的技术创新情况较差。其中其他行业创新活跃度较高，高活跃度的小微企业达到了 3.26%，较其他行业相比活跃状况比较优秀。而房地产业和建筑业的活跃度较低，高活跃度的小微企业分别仅占 0% 和 0.1%。这可能是由于房地产业和建筑业企业近几年处于调整恢复期，发展速度减缓，创新活跃度也随之降低。针对这种情况，山东省政府政府应该颁布一些相关政策，以帮助房地产业和建筑业企业进行技术创新（见表 3.7，图 3.5）。

表 3.7 行业技术创新活跃度情况

行业	不活跃	低活跃	高活跃
房地产业	100.00%	0.00%	0.00%
建筑业	99.09%	0.81%	0.10%
交通运输、仓储和邮政业	97.25%	2.35%	0.39%
居民服务、修理和其他服务业	99.22%	0.20%	0.59%

科学研究和技术服务业	95.75%	3.09%	1.16%
农、林、牧、渔业	97.09%	2.55%	0.36%
批发和零售业	99.09%	0.76%	0.15%
其他	95.27%	1.47%	3.26%
信息传输、软件和信息技术服务业	97.15%	1.83%	1.02%
制造业	93.99%	3.47%	2.54%
租赁和商务服务业	98.55%	1.21%	0.24%

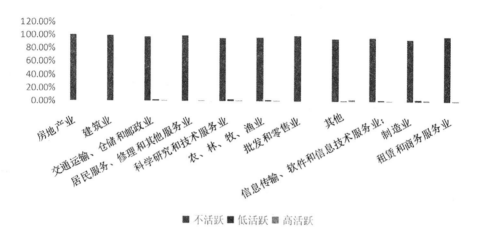

图 3.5　行业技术创新活跃度情况

3. 山东省小微企业品牌创新活跃度分析

从区域划分来看，不同区域的小微企业品牌创新活跃度情况如下：

山东省各区域的小微企业品牌创新活跃度较低，其中约有 90% 的小微企业为不活跃状态，5% 左右的小微企业为低活跃度状态，仅有 5% 的小微企业为高活跃状态。其中，烟台地区高活跃度的小微企业比例最高，达到了 7.51%。这说明烟台地区政府很好地落实了创新政策。聊城地区、泰安地区的品牌创新活跃度也很高，高活跃度的小微企业比例分别为 6.39% 和 4.97%。而日照地区小微企业的品牌创新活跃度较低，高活跃度的企业比例仅为 1.74%，这说明日照市的小微企业较少建立自主品牌，自主品牌创造的收入也较少，日照市政府应颁布一些鼓励企业建立自主品牌的政策，促进企业品牌创新（见

表3.8，图3.6）。

表3.8　区域品牌创新活跃度情况

地市	不活跃	低活跃	高活跃
青岛	91.25%	4.50%	4.25%
淄博	92.74%	3.87%	3.39%
枣庄	93.11%	4.26%	2.62%
东营	91.60%	5.27%	3.13%
烟台	89.99%	2.50%	7.51%
潍坊	89.55%	5.99%	4.45%
济宁	92.95%	4.86%	2.19%
泰安	88.78%	6.25%	4.97%
威海	88.58%	7.27%	4.15%
日照	93.05%	5.21%	1.74%
临沂	92.15%	2.90%	4.95%
德州	87.39%	8.04%	4.57%
聊城	84.50%	9.11%	6.39%
滨州	96.32%	1.70%	1.98%
菏泽	89.86%	7.61%	2.54%
菏泽	98.73%	0.72%	0.54%

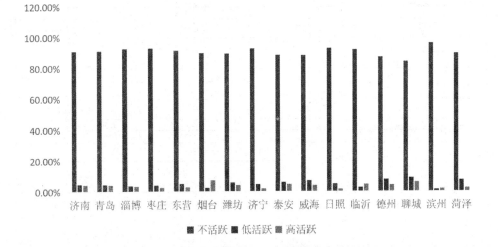

图3.6　区域品牌创新活跃度情况

从行业划分来看，不同行业的小微企业品牌创新活跃度情况如下：

山东省各行业的品牌创新活跃度偏低，有91%左右的企业都为不活跃状况，5%左右的企业为低活跃状态，仅有4%左右的企业为高活跃状态，这说明山东省小微企业较少开发自主品牌。在众多的行业中，制造业的品牌创新活跃度最高，高活跃度的制造业企业占11.33%。科学研究和技术服务业、农林牧渔业的品牌创新活跃度也很高，高活跃度的企业分别占4.25%和4.55%。而房地产业的品牌创新活跃度较低，高活跃度的房地产业企业仅占1.65%。这可能是因为房地产业近年来发展速度减缓，处于调整恢复期，政府应加强对房地产业的引导和支持，鼓励房地产业小微企业进行品牌创新（见表3.9，图3.7）。

表3.9　行业品牌创新活跃度情况

行业	不活跃	低活跃	高活跃
房地产业	95.04%	3.31%	1.65%
建筑业	94.66%	3.63%	1.71%
交通运输、仓储和邮政业	93.73%	3.92%	2.35%
居民服务、修理和其他服务业	94.32%	4.31%	1.37%
科学研究和技术服务业	91.89%	3.86%	4.25%
农、林、牧、渔业	89.25%	6.19%	4.55%
批发和零售业	91.98%	4.90%	3.12%
其他	87.74%	6.80%	5.46%
信息传输、软件和信息技术服务业	90.04%	6.10%	3.86%
制造业	81.27%	7.40%	11.33%
租赁和商务服务业	93.24%	4.59%	2.17%

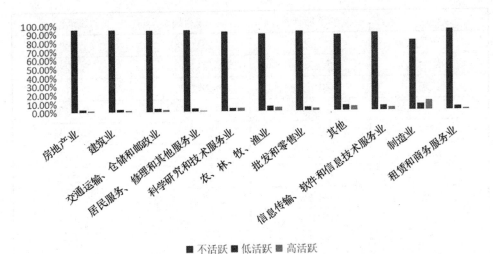

图 3.7 行业品牌创新活跃度情况

4. 山东省小微企业网络创新活跃度分析

从区域划分来看,不同地区的小微企业网络创新活跃度情况如下:

山东省各区域的小微企业网络创新活跃度略有差别,但差距不大,都显示着较低的网络创新活跃度,其中大约有 68% 的小微企业为不活跃状态,28% 左右的小微企业为低活跃状态,仅有 4% 左右的小微企业显示了高活跃度。这意味着山东省小微企业利用网络进行创新活动的意识较差。其中济南市的网络创新活跃度最高,为 5.45%;紧随其后的是聊城、淄博和青岛市,分别为 4.79%、4.36%、4.25%。这些城市经济较为发达,利用网络进行创新活动的情况也比较好。而滨州市的网络创新活跃度仅有 0.28%,与其他市相比较低,滨州市应该发挥相关政策的引导作用,鼓励小微企业通过网络进行创新(见表 3.10,图 3.8)。

表 3.10 区域网络创新活跃度情况

地市	不活跃	低活跃	高活跃
济南	60.19%	34.36%	5.45%
青岛	71.50%	24.25%	4.25%
淄博	66.10%	29.54%	4.36%
枣庄	79.67%	18.36%	1.97%

地市	不活跃	低活跃	高活跃
东营	68.75%	29.69%	1.56%
烟台	38.25%	58.14%	3.62%
潍坊	71.58%	24.32%	4.11%
济宁	76.49%	21.47%	2.04%
泰安	69.07%	26.92%	4.01%
威海	70.47%	26.26%	3.26%
日照	69.69%	28.38%	1.93%
临沂	64.13%	33.82%	2.05%
德州	66.00%	30.53%	3.47%
聊城	64.38%	30.83%	4.79%
滨州	83.85%	15.86%	0.28%
菏泽	73.37%	23.55%	3.08%

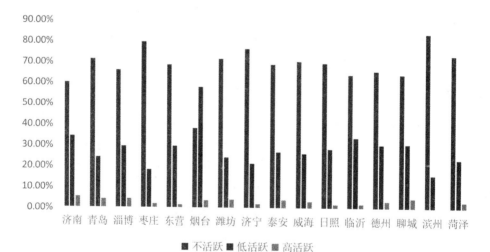

图 3.8 区域网络创新活跃度情况

从行业划分来看，不同地区的小微企业网络创新活跃度情况如下：

山东省各行业的小微企业网络创新活跃度差距不大，都显示着较低的网络创新活跃度，其中大约有 66% 的小微企业为不活跃状态，30% 左右的小微企业为低活跃状态，仅有 4% 左右的小微企业显示了高活跃度。这意味着山东省小微企业利用网络进行创新活动的意识较差。在众多的行业中，信息传输、软件和信息技术服务业的网络创新活跃度较好，有 7.52% 的企业显示了高活跃度，这可能是因为这些行业本身属于高新技术产业，利用互联网开展创新活动的意识较强。而建筑业和房地产业的网络创新活跃度较低，分别仅有0.7%和0.83%的企业显示了高网络创新活跃度，这是由于这些行业属于传统行业，网络创新活跃度低属于正常情况（见表3.11，图3.9）。

表3.11 行业网络创新活跃度情况

行业	不活跃	低活跃	高活跃
房地产业	58.68%	40.50%	0.83%
建筑业	75.83%	23.46%	0.70%
交通运输、仓储和邮政业	71.37%	24.31%	4.31%
居民服务、修理和其他服务业	68.49%	28.77%	2.74%
科学研究和技术服务业	57.53%	38.22%	4.25%
农、林、牧、渔业	73.95%	22.40%	3.64%
批发和零售业	67.66%	29.84%	2.50%
其他	65.56%	30.91%	3.53%
信息传输、软件和信息技术服务业	51.02%	41.46%	7.52%
制造业	64.16%	30.64%	5.20%
租赁和商务服务业	69.32%	28.74%	1.93%

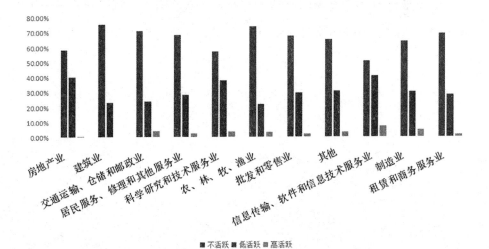

图 3.9 行业网络创新活跃度情况

第三节
小结

在对山东省小微企业创新情况进行概述，并对其创新活跃度进行分析后发现，山东省小微企业的创新活跃度较低，尤其是技术创新活跃度不太理想。调查显示，仅有2%左右的企业申请了专利、商标、软件著作权等。在受调查的8716家企业中，仅发明专利1243项。这说明山东省小微企业发表的专利数量较少，这可能是由于专利申请时间过长、流程繁琐、资金不足等原因导致的。除此之外，山东省小微企业较少开展创新活动。调查显示，有67.6%的企业没有利用互联网开展任何商业活动。山东省政府需要进一步落实颁布的一系列鼓励创新的政策，帮助小微企业进行技术创新、品牌创新和网络创新。

第四章

2015—2020
山东省小微企业
社会责任活跃度分析

第一节
山东省小微企业社会责任总体概况

小微企业为促进社会就业做出了突出贡献，尤其是在吸纳就业及纳税方面。支持小微企业发展可以创造更多的社会就业岗位，对解决民生问题、推进经济增长发挥着举足轻重的作用。小微企业往往属于劳动密集型企业，可以有效解决山东省众多低端劳动力就业问题。一方面，从资产净值人均占有份额来看，在资金投入一样的情况下，小微企业可吸纳就业人员平均比大中型企业高4倍至5倍；另一方面，从绝对份额来看，小微企业是解决我国城镇就业和农村富余劳动力向非农领域转移就业问题的主要渠道。

基于小微企业自身体量小、容易受到环境影响的情况，小微企业比大企业对政府采取的税收优惠政策能够产生更大幅度的积极效应、释放更多的改革红利。小微企业是山东省纳税贡献最多的经济主体，为促进经济高速发展做出了巨大贡献。因此，小微企业是刺激山东省经济发展的关键环节，尤其小微企业税收，应该是引起政府重点关注的领域。山东省自实施税制改革至今，为了优化经济结构、推动产业升级，不断加大对小微企业的税收扶持力度。尤其是近几年，山东省政府连续颁布了一系列小微企业税收优惠政策。

第二节
山东省小微企业就业和利税现状分析

1. 小微企业吸纳就业状况分析

小微企业虽规模小但平均吸纳就业增长率涨势迅猛。企业开业时的平均从业人数为 7.19 人次，而当前企业平均从业人数为 7.69 人次，这说明小微企业的就业规模较小；此外，小微企业成长迅速，企业平均吸纳就业增长率为 6.7%。

小微企业在失业人员再就业方面发挥了一定作用，有助于当前就业的稳定。在所有从业人员中，企业平均全职人员数为 6.36 人次，占总就业人数的 90.1%。企业平均高校应届毕业生 0.94 人次，占总就业人数的 12.2%，表明高学历人才在小微企业里相对稀缺。小微企业平均雇用失业人员为 0.83 人次，占总就业人数 8.25%，这意味着小微企业在失业人员再就业方面发挥了一定作用，有助于当前就业的稳定。小微企业在雇用残疾人员和退伍军人方面也发挥了一定作用，分别占总就业人数的 2.14% 和 2.42%（如图 4.1）。

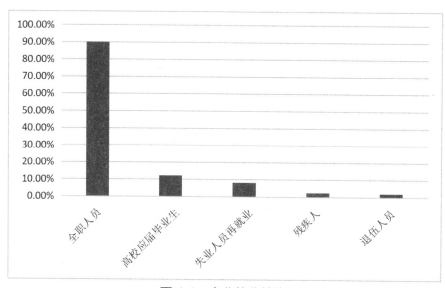

图 4.1　企业就业结构

商事改革在山东的进程对高附加值的新兴服务行业起到的作用比较明显，也意味着对于传统行业的小微企业，在政策实践方面需要更多的创新性策略助力其发展。在各行业中，高校应届毕业生吸纳比例最高的行业为租赁和商务服务业，该行业中高校应届毕业生占行业总人数的 25.00%，其次为科学研究和技术服务业，该行业中高校应届毕业生占行业总人数的 19.95%。这

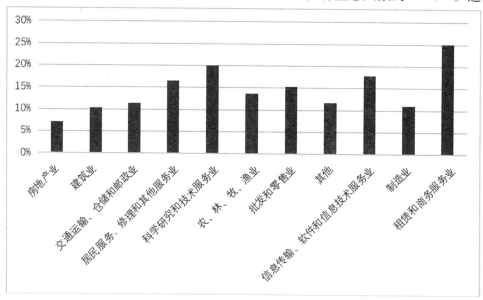

图 4.2　高校应届毕业生占行业总人数的比例

些行业主要是新兴行业以及服务业，也是在商改后增加就业吸纳人数比较明显的行业，这些行业对毕业生吸引力比较高（如图 4.2）。

分行业看，40.95% 的从业人员集中在批发和零售业、制造业两个企业数量较多的传统行业（如图 4.3）。

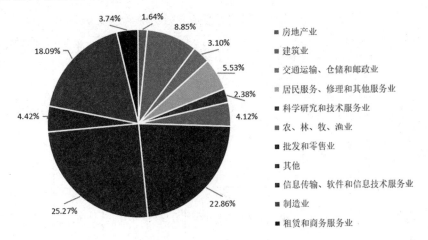

图 4.3　行业人数比例

其次，有 36.91% 的大学生创业者最高学历为大学专科；有 54.57% 的大学生创业者最高学历为大学本科；有 7.66% 的大学生创业者最高学历为硕士研究生；有 0.85% 的大学生创业者最高学历为博士研究生（如图 4.4）。

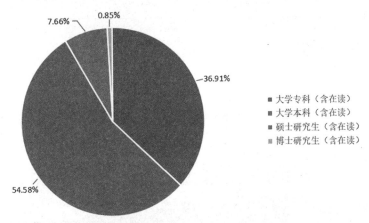

图 4.4　大学生创业者的最高学历比例

2. 小微企业利税状况分析

2015 年小微企业平均缴税额为 11455 元，2016 年平均缴税额为 66027 元，

2017 年平均缴税额为 85896 元，2018 年平均缴税额为 31299 元，2019 年平均缴税额为 26704 元。其中，缴税 100 万元以上小微企业数量比例从 2015 年的 0.12% 升至 2019 年的 0.18%，基本上为逐年上升趋势。缴税 0—1 万元小微企业数量比例 5 年内基本维持在 35% 左右；无缴税企业比例基本在 60% 左右（见表 4.1，图 4.5）。

表 4.1　2015— 2019 年度企业缴纳税金分段统计表

项目	2015 年		2016 年		2017 年		2018 年		2019 年	
	数量	比例	数量	比例	数量	比例	数量	比例	数量	比例
企业总数量	1737		3238		4770		6163		8715	
缴税 100 万元以上企业数量	2	0.12%	5	0.15%	7	0.15%	12	0.19%	16	0.18%
缴税 50 万—100 万元企业数量	2	0.12%	6	0.19%	8	0.17%	12	0.19%	23	0.26%
缴税 10 万—50 万元企业数量	10	0.58%	16	0.49%	45	0.94%	49	0.80%	88	1.01%
缴税 1 万—10 万元企业数量	52	2.99%	123	3.80%	187	3.92%	252	4.09%	372	4.27%
缴税 0—1 万元企业数量	595	34.25%	1107	34.19%	1656	34.72%	2054	33.33%	3095	35.51%
缴税 0 元企业数量	1076	61.95%	1981	61.18%	2867	60.10%	3784	61.40%	5121	58.76%

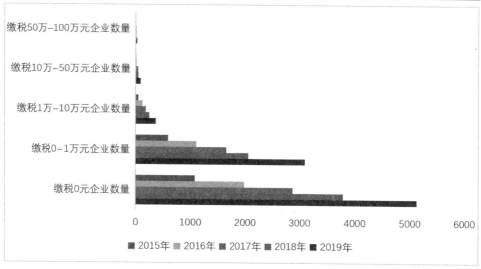

图 4.5　企业缴税额度分段占比

第三节
山东省小微企业社会责任活跃度分析

1. 小微企业社会责任活跃度分析

　　山东省各个行业的小微企业社会责任承担能力都在不断加强。从行业划分来看，2019 年活跃度最高的行业是房地产行业，高达 50.41%，社会责任活跃度最低的行业是交通运输、仓储和邮政业，只有 40%。从变化趋势上看，各行业社会责任活跃度在 2015 年至 2018 年小幅上升，在 2019 年大幅上升，整体保持向好态势。

　　在 2015 年至 2018 年期间，各个行业的高活跃企业均相对稳定，涨幅不明显，但在 2019 年各行业的高活跃度骤然激增。在 2019 年房地产业的高活跃度企业始终处于领跑地位，达到 27.27%，而农、林、牧、渔业高活跃度最低，仅占比 18.76%，其他行业高活跃度较为平均，差距并不明显（见表 4.2，图 4.6）。

表 4.2　行业高活跃度表

行业	2015 年	2016 年	2017 年	2018 年	2019 年
房地产业	17.36%	17.36%	17.36%	17.36%	27.27%
建筑业	16.11%	16.11%	16.21%	16.52%	25.98%
交通运输、仓储和邮政业	16.08%	16.47%	16.47%	16.47%	23.92%
居民服务、修理和其他服务业	15.66%	15.85%	15.85%	15.85%	22.31%

行业	2015 年	2016 年	2017 年	2018 年	2019 年
科学研究和技术服务业	16.99%	16.99%	17.37%	17.37%	22.01%
农、林、牧、渔业	15.30%	15.30%	15.30%	15.30%	18.76%
批发和零售业	16.33%	16.30%	16.41%	16.41%	24.28%
其他	18.85%	18.99%	18.92%	19.05%	26.12%
信息传输、软件和信息技术服务业	17.48%	17.68%	17.68%	17.68%	22.97%
制造业	20.69%	20.81%	20.81%	20.81%	24.86%
租赁和商务服务业	18.36%	18.60%	18.60%	18.60%	26.81%

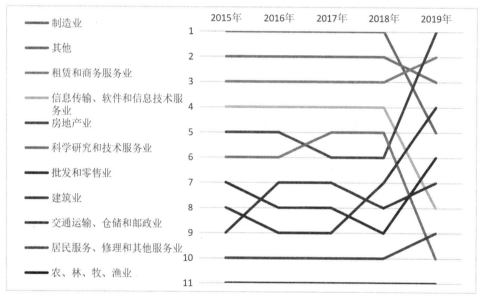

图 4.6　行业高活跃度图

　　各行业中活跃度在 2015 年至 2018 年一直保持稳定，但在 2019 年全部大幅度回落。在不同行业中活跃度企业中，科学研究和技术服务业处于领先地位，高达 13.90%，而交通运输、仓储和邮政业中活跃度较低，仅为 4.71%。活跃度各行业差距较明显（见表 4.3，图 4.7）。

表4.3 行业中活跃度表

行业	2015年	2016年	2017年	2018年	2019年
房地产业	16.53%	16.53%	16.53%	16.53%	10.74%
建筑业	16.21%	16.31%	16.21%	16.01%	6.55%
交通运输、仓储和邮政业	14.12%	13.73%	13.73%	13.73%	4.71%
居民服务、修理和其他服务业	17.22%	17.03%	16.83%	16.83%	8.22%
科学研究和技术服务业	11.58%	11.58%	11.20%	11.20%	13.90%
农、林、牧、渔业	13.84%	13.84%	14.03%	14.03%	8.20%
批发和零售业	13.83%	13.90%	13.90%	13.97%	5.41%
其他	14.92%	14.86%	14.99%	14.79%	8.13%
信息传输、软件和信息技术服务业	14.02%	13.82%	13.62%	13.82%	11.99%
制造业	14.91%	14.68%	14.80%	14.80%	7.51%
租赁和商务服务业	11.84%	11.84%	12.08%	12.32%	5.07%

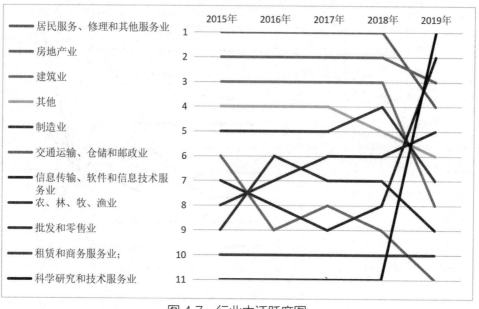

图4.7 行业中活跃度图

低活跃度在2015年至2018年企业变化趋势相对平稳，2019年各个行业内的低活跃度企业均大幅度下降。房地产业下降幅度最大，从28.10%降至12.40%（见表4.4，图4.8）。

表 4.4　行业低活跃度表

行业	2015 年	2016 年	2017 年	2018 年	2019 年
房地产业	28.10%	28.10%	28.10%	28.10%	12.40%
建筑业	17.32%	17.22%	17.32%	17.12%	11.88%
交通运输、仓储和邮政业	16.86%	16.86%	16.86%	16.86%	11.37%
居民服务、修理和其他服务业	19.18%	19.18%	19.37%	19.37%	14.09%
科学研究和技术服务业	22.01%	22.01%	22.01%	22.01%	13.51%
农、林、牧、渔业	12.02%	12.02%	11.84%	11.84%	17.30%
批发和零售业	15.57%	15.57%	15.43%	15.39%	12.96%
其他	16.72%	16.79%	16.66%	16.72%	12.92%
信息传输、软件和信息技术服务业	16.67%	16.67%	16.87%	16.67%	13.62%
制造业	15.84%	15.95%	15.84%	15.84%	14.57%
租赁和商务服务业	17.87%	17.63%	17.39%	17.15%	14.49%

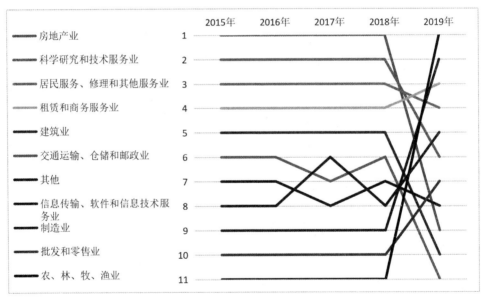

图 4.8　行业低活跃度图

在各个行业中，不活跃企业和高活跃企业呈现相反的发展趋势。各个行业不活跃的企业在 2015 年至 2018 年的趋势基本稳定，但在 2019 年上升。房地产行业不活跃企业历年均最低。农、林、牧、渔业不活跃企业占比在历年均为最高（见表 4.5，图 4.9）。

表 4.5 行业不活跃度表

行业	2015 年	2016 年	2017 年	2018 年	2019 年
房地产业	38.02%	38.02%	38.02%	38.02%	49.59%
建筑业	50.35%	50.35%	50.25%	50.35%	55.59%
交通运输、仓储和邮政业	52.94%	52.94%	52.94%	52.94%	60.00%
居民服务、修理和其他服务业	47.95%	47.95%	47.95%	47.95%	55.38%
科学研究和技术服务业	49.42%	49.42%	49.42%	49.42%	50.58%
农、林、牧、渔业	58.83%	58.83%	58.83%	58.83%	55.74%
批发和零售业	54.26%	54.23%	54.26%	54.23%	57.35%
其他	49.50%	49.37%	49.43%	49.43%	52.83%
信息传输、软件和信息技术服务业	51.83%	51.83%	51.83%	51.83%	51.42%
制造业	48.55%	48.55%	48.55%	48.55%	53.06%
租赁和商务服务业	51.93%	51.93%	51.93%	51.93%	53.62%

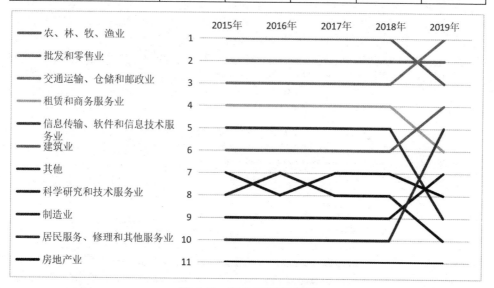

图 4.9 行业不活跃度图

从区域划分来看，山东省总体上活跃状况是较好的，活跃度最高的地区是菏泽，高达 57.97%，最低的是滨州，为 33.43%。再从变化趋势上看，各市中社会责任活跃度 2015 年至 2018 年小幅上升，在 2019 年大幅上升，保持向好态势，这说明山东省小微企业社会责任承担能力不断加强。具体分析如下：

山东省不同地市小微企业中，高活跃度的企业占比在 2015 年至 2018 年的均基本保持稳定，但在 2019 年各行业均涨幅明显。2019 年泰安的高活跃度处于第一位，高达 28.37%，东营高活跃度最低，仅为 20.12%（见表 4.6，图 4.10）。

表 4.6　区域高活跃度表

地区	2015 年	2016 年	2017 年	2018 年	2019 年
济南	15.64%	15.64%	16.11%	16.11%	24.64%
青岛	16.50%	16.50%	16.50%	16.50%	24.50%
淄博	16.71%	16.71%	16.71%	16.71%	23.00%
枣庄	14.43%	14.43%	14.43%	14.43%	25.57%
东营	15.23%	15.23%	15.43%	15.43%	20.12%
烟台	17.66%	17.80%	17.80%	17.94%	26.70%
潍坊	18.84%	19.01%	19.18%	19.18%	26.71%
济宁	13.01%	13.17%	13.32%	13.32%	21.79%
泰安	20.99%	20.99%	20.99%	20.99%	28.37%
威海	17.06%	17.06%	17.06%	17.06%	24.93%
日照	18.53%	18.73%	18.73%	18.92%	24.32%
临沂	16.06%	16.06%	16.18%	16.43%	21.62%
德州	17.73%	17.92%	17.73%	17.92%	25.05%
聊城	19.01%	19.01%	18.85%	19.01%	24.12%
滨州	12.75%	12.75%	12.75%	12.46%	23.80%
菏泽	22.64%	22.83%	22.83%	22.83%	25.18%

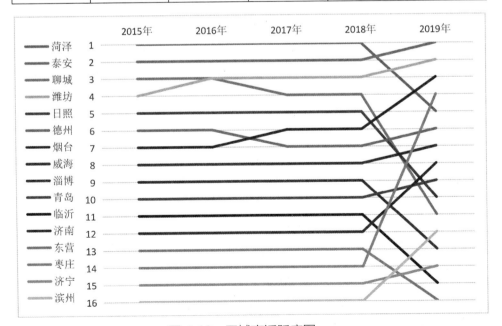

图 4.10　区域高活跃度图

山东省不同地市小微企业中，中活跃度的企业占比在 2015 年至 2018 年基本不变。但在 2019 年明显下降。2019 年烟台的中活跃度最高，高达 10.01%，青岛中活跃度最低，仅为 3.75%（见表 4.7，图 4.11）。

表 4.7　区域中活跃度表

地区	2015 年	2016 年	2017 年	2018 年	2019 年
济南	18.25%	18.25%	17.54%	17.54%	7.82%
青岛	15.50%	15.50%	15.50%	15.75%	3.75%
淄博	9.69%	9.93%	9.69%	9.69%	7.02%
枣庄	16.72%	16.72%	17.05%	17.05%	4.59%
东营	13.67%	13.67%	13.48%	13.48%	9.57%
烟台	15.30%	14.88%	14.88%	14.88%	10.01%
潍坊	15.92%	15.75%	15.58%	15.58%	5.99%
济宁	12.07%	12.07%	11.76%	11.91%	6.90%
泰安	14.26%	14.42%	14.42%	14.58%	7.69%
威海	15.88%	15.88%	15.88%	15.88%	8.31%
日照	14.09%	13.90%	13.90%	13.90%	7.92%
临沂	14.61%	14.61%	14.86%	14.25%	7.49%
德州	14.63%	14.63%	15.36%	15.36%	6.40%
聊城	14.22%	14.38%	14.70%	14.70%	7.19%
滨州	13.03%	13.03%	13.03%	13.31%	5.10%
菏泽	14.13%	13.95%	13.95%	13.95%	5.98%

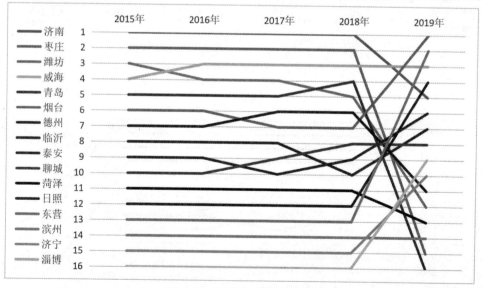

图 4.11　区域中活跃度图

山东省不同地市小微企业中，低活跃度的企业占比在 2015 年至 2018 年基本不变。但在 2019 年不同地区有增有减，且变化幅度都很大，其中济南、青岛、淄博、东营、济宁、烟台、泰安、威海、临沂、德州、聊城、菏泽大幅度下降，而枣庄、潍坊、日照、滨州则大幅度上升（见表4.8，图4.12）。

表4.8　区域低活跃度表

地区	2015 年	2016 年	2017 年	2018 年	2019 年
济南	18.96%	18.96%	19.43%	19.19%	12.56%
青岛	16.00%	16.00%	16.00%	15.75%	13.25%
淄博	16.71%	16.71%	16.71%	16.71%	10.17%
枣庄	10.49%	10.49%	10.16%	10.16%	14.75%
东营	17.77%	17.77%	17.77%	17.77%	13.09%
烟台	17.39%	17.66%	17.66%	17.52%	11.96%
潍坊	12.67%	12.67%	12.67%	12.67%	14.04%
济宁	14.73%	14.58%	14.73%	14.58%	12.38%
泰安	14.90%	14.90%	14.74%	14.58%	13.46%
威海	16.77%	16.77%	16.77%	16.77%	13.65%
日照	14.67%	14.67%	14.67%	14.48%	15.44%
临沂	21.74%	21.74%	21.38%	21.74%	15.10%
德州	19.38%	19.20%	18.65%	18.46%	12.98%
聊城	16.29%	16.29%	16.13%	15.97%	13.90%
滨州	7.65%	7.65%	7.65%	7.65%	10.48%
菏泽	21.20%	21.20%	21.20%	21.38%	15.40%

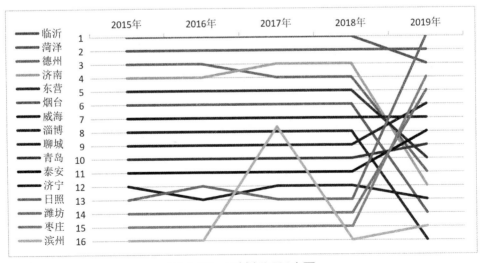

图4.12　区域低活跃度图

山东省不同地市小微企业中，不活跃度的企业占比在 2015 年至 2018 年基本不变。但在 2019 年有增有减，其中济南、青岛、淄博、东营、烟台、潍坊、泰安、临沂、德州、聊城、菏泽上涨，而枣庄、济宁、滨州、日照的不活跃度下降（见表 4.9，图 4.13）。

表 4.9 区域不活跃度表

地区	2015 年	2016 年	2017 年	2018 年	2019 年
济南	47.16%	47.16%	46.92%	47.16%	54.98%
青岛	52.00%	52.00%	52.00%	52.00%	58.50%
淄博	56.90%	56.66%	56.90%	56.90%	59.81%
枣庄	58.36%	58.36%	58.36%	58.36%	55.08%
东营	53.32%	53.32%	53.32%	53.32%	57.23%
烟台	49.65%	49.65%	49.65%	49.65%	51.32%
潍坊	52.57%	52.57%	52.57%	52.57%	53.25%
济宁	60.19%	60.19%	60.19%	60.19%	58.93%
泰安	49.84%	49.68%	49.84%	49.84%	50.48%
威海	50.30%	50.30%	50.30%	50.30%	53.12%
日照	52.70%	52.70%	52.70%	52.70%	52.32%
临沂	47.58%	47.58%	47.58%	47.58%	55.80%
德州	48.26%	48.26%	48.26%	48.26%	55.58%
聊城	50.48%	50.32%	50.32%	50.32%	54.79%
滨州	66.57%	66.57%	66.57%	66.57%	60.62%
菏泽	42.03%	42.03%	42.03%	41.85%	53.44%

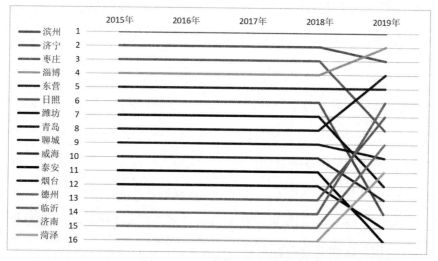

图 4.13 区域不活跃度图

2. 小微企业吸纳就业活跃度分析

从行业划分来看，就业高活跃度中，房地产业占比最多，为27.27%；农、林、牧、渔业占比最低，只有17.12%。就业中活跃度中，信息传输、软件和信息技术服务业占比最多，为10.16%；交通运输、仓储和邮政业占比最低，只有3.53%。就业低活跃度中，农、林、牧、渔业占比最多，为14.94%；交通运输、仓储和邮政业占比最低，只有9.02%。就业不活跃度中，交通运输、仓储和邮政业占比最多，为63.92%；科学研究和技术服务业占比最低，只有54.83%。（见表4.10）

表4.10　行业就业活跃度表

行业	不活跃	低活跃	中活跃	高活跃
房地产业	55.37%	10.74%	6.61%	27.27%
建筑业	58.41%	10.88%	5.04%	25.68%
交通运输、仓储和邮政业	63.92%	9.02%	3.53%	23.53%
居民服务、修理和其他服务业	59.49%	13.70%	5.48%	21.33%
科学研究和技术服务业	54.83%	13.90%	9.65%	21.62%
农、林、牧、渔业	60.66%	14.94%	7.29%	17.12%
批发和零售业	60.65%	11.29%	4.43%	23.63%
其他	56.76%	11.73%	7.46%	24.05%
信息传输、软件和信息技术服务业	55.08%	12.60%	10.16%	22.15%
制造业	58.50%	12.72%	5.20%	23.58%
租赁和商务服务业	55.80%	14.25%	3.62%	26.33%

从地区划分来看，就业高活跃度中，泰安占比最多，为27.24%；东营占比最低，只有19.34%。就业中活跃度中，烟台占比最多，为8.62%；枣庄占比最低，只有3.61%。就业低活跃度中，临沂占比最多，为15.82%；青岛占比最低，只有9.50%。就业不活跃度中，青岛占比最多，为63.50%；烟台占比最低，只有53.55%。不同地区就业高活跃度均逐年上升，说明各地吸纳就业的责任意识及落实呈现向好态势（见表4.11）。

表 4.11　地区就业活跃度表

地区	不活跃度	低活跃度	中活跃度	高活跃度
济南	59.95%	11.14%	6.40%	22.51%
青岛	63.50%	9.50%	4.00%	23.00%
淄博	61.74%	9.93%	5.57%	22.76%
枣庄	59.67%	11.48%	3.61%	25.25%
东营	60.74%	12.30%	7.62%	19.34%
烟台	53.55%	13.21%	8.62%	24.62%
潍坊	57.36%	11.64%	4.62%	26.37%
济宁	61.44%	11.60%	5.96%	21.00%
泰安	54.01%	12.82%	5.93%	27.24%
威海	58.16%	10.53%	7.86%	23.44%
日照	56.95%	13.71%	5.79%	23.55%
临沂	59.06%	15.82%	3.74%	21.38%
德州	59.60%	10.79%	6.22%	23.40%
聊城	59.90%	11.02%	5.75%	23.32%
滨州	61.47%	11.33%	3.97%	23.23%
菏泽	58.33%	12.32%	4.71%	24.64%

3. 小微企业利税活跃度分析

从行业划分来看，2019 年纳税高活跃度中，农、林、牧、渔业占比最多，为 30.60%；信息传输、软件和信息技术服务业占比最低，只有 26.42%。从纳税活跃度的变化趋势来看，2015 年纳税高活跃度均值为 3.41%，2019 年纳税高活跃度均值为 28.54%，呈增长趋势（见表 4.12，图 4.14）。

表 4.12　行业纳税高活跃度表

行业	2015	2016	2017	2018	2019
房地产业	2.48%	7.44%	11.57%	17.36%	30.58%
建筑业	2.62%	7.75%	13.19%	18.43%	27.79%
交通运输、仓储和邮政业	1.96%	9.80%	12.16%	18.04%	28.24%
居民服务、修理和其他服务业	3.13%	9.39%	16.44%	19.77%	30.14%
科学研究和技术服务业	4.63%	7.72%	12.36%	18.15%	27.80%
农、林、牧、渔业	4.37%	10.75%	16.76%	20.95%	30.60%

（续表）

行业	2015	2016	2017	2018	2019
批发和零售业	3.52%	8.53%	13.58%	17.93%	27.22%
其他	3.80%	8.06%	12.92%	17.79%	27.12%
信息传输、软件和信息技术服务业	3.86%	8.13%	10.77%	16.87%	26.42%
制造业	4.05%	9.25%	14.80%	19.19%	28.79%
租赁和商务服务业	3.14%	8.21%	14.01%	20.29%	29.23%

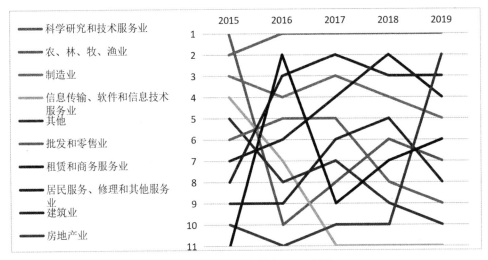

图 4.14　行业纳税高活跃度图

　　2019 年纳税中活跃度中，科学研究和技术服务业占比最多，为 17.76%；交通运输、仓储和邮政业占比最低，只有 9.80%。从纳税活跃度的变化趋势来看，2015 年纳税中活跃度均值为 1.88%，2019 年纳税中活跃度均值为 13.85%，呈增长趋势（见表 4.13，图 4.15）。

表 4.13　行业纳税中活跃度表

行业	2015	2016	2017	2018	2019
房地产业	0.83%	1.65%	5.79%	11.57%	15.70%
建筑业	2.01%	4.73%	7.55%	8.66%	13.90%
交通运输、仓储和邮政业	2.35%	2.35%	7.45%	5.49%	9.80%
居民服务、修理和其他服务业	1.96%	5.09%	7.05%	9.59%	15.26%
科学研究和技术服务业	1.93%	3.09%	8.49%	8.88%	17.76%

（续表）

行业	2015	2016	2017	2018	2019
农、林、牧、渔业	2.19%	4.01%	6.92%	8.20%	13.11%
批发和零售业	2.29%	5.01%	7.08%	9.00%	13.43%
其他	2.13%	3.80%	6.86%	7.99%	12.26%
信息传输、软件和信息技术服务业	1.63%	4.27%	7.72%	7.52%	12.80%
制造业	1.97%	3.82%	6.59%	8.09%	12.60%
租赁和商务服务业	1.45%	5.07%	6.76%	8.94%	15.70%

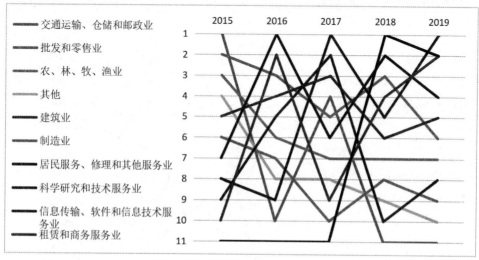

图 4.15　行业纳税中活跃度图

2019 年纳税低活跃度中，交通运输、仓储和邮政业占比最多，为 61.96%；房地产业占比最低，只有 53.72%。从纳税活跃度的变化趋势来看，2015 年纳税中活跃度均值为 94.7%，2019 年纳税中活跃度均值为 57.61%，呈下降趋势（见表 4.14，图 4.16）。

表 4.14　行业纳税低活跃度表

行业	2015	2016	2017	2018	2019
房地产业	96.69%	90.91%	82.64%	71.07%	53.72%
建筑业	95.37%	87.51%	79.25%	72.91%	58.31%
交通运输、仓储和邮政业	95.69%	87.84%	80.39%	76.47%	61.96%
居民服务、修理和其他服务业	94.91%	85.52%	76.52%	70.65%	54.60%

（续表）

行业	2015	2016	2017	2018	2019
科学研究和技术服务业	93.44%	89.19%	79.15%	72.97%	54.44%
农、林、牧、渔业	93.44%	85.25%	76.32%	70.86%	56.28%
批发和零售业	94.19%	86.46%	79.35%	73.07%	59.35%
其他	94.07%	88.14%	80.21%	74.22%	60.63%
信息传输、软件和信息技术服务业	94.51%	87.60%	81.50%	75.61%	60.77%
制造业	93.99%	86.94%	78.61%	72.72%	58.61%
租赁和商务服务业	95.41%	86.71%	79.23%	70.77%	55.07%

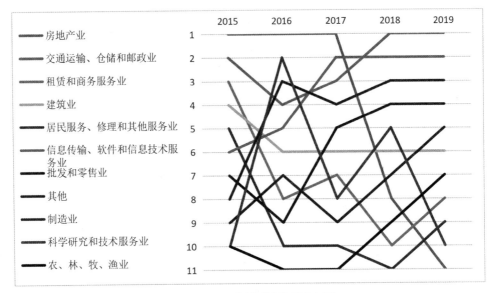

图 4.16 行业纳税低活跃度图

从地区划分来看，在 2019 年纳税高活跃度层级中，烟台市纳税高活跃度最高，占比最多，为 33.24%；泰安占比最低，只有 22.44%。从纳税活跃度的变化趋势来看，2015 年纳税高活跃度均值为 3.45%，2019 年纳税高活跃度均值为 27.78%，呈增长趋势（见表 4.15，图 4.17）。

表 4.15　地区纳税高活跃度表

地市	2015	2016	2017	2018	2019
济南	3.55%	10.19%	15.88%	20.14%	30.09%
青岛	3.00%	7.75%	13.50%	18.50%	30.25%
淄博	3.15%	6.30%	11.86%	18.40%	24.46%

（续表）

地市	2015	2016	2017	2018	2019
枣庄	2.30%	7.87%	12.79%	18.36%	27.54%
东营	3.13%	9.57%	13.67%	16.80%	24.80%
烟台	4.87%	9.74%	16.27%	21.97%	33.24%
潍坊	2.57%	7.53%	13.18%	18.32%	30.14%
济宁	1.72%	6.74%	10.50%	15.83%	24.61%
泰安	4.01%	7.85%	11.70%	16.35%	22.44%
威海	2.37%	6.82%	10.09%	15.28%	25.22%
日照	2.90%	7.92%	13.13%	15.25%	27.03%
临沂	4.11%	10.27%	15.82%	21.38%	30.31%
德州	3.29%	8.41%	14.99%	19.74%	31.63%
聊城	5.11%	9.74%	15.34%	20.29%	30.03%
滨州	3.68%	6.80%	13.03%	17.00%	24.65%
菏泽	5.43%	11.96%	15.76%	19.57%	28.08%

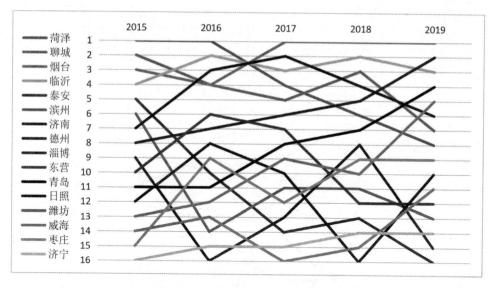

图 4.17　地区纳税高活跃度图

在 2019 年纳税中活跃度层级中，威海市纳税中活跃度最高，占比最多，为 15.73%；临沂市占比最低，只有 11.23%。从纳税活跃度的变化趋势来看，2015 年纳税中活跃度均值为 2.07%，2019 年纳税中活跃度均值为 13.47%，呈增长趋势（见表 4.16，图 4.18）。

表 4.16　地区纳税中活跃度表

地区	2015	2016	2017	2018	2019
济南	1.90%	3.79%	6.16%	7.82%	11.61%
青岛	1.50%	6.25%	8.00%	8.75%	13.75%
淄博	2.18%	4.84%	8.23%	8.96%	13.80%
枣庄	3.28%	5.90%	8.20%	9.51%	12.46%
东营	2.73%	4.30%	6.45%	8.98%	15.23%
烟台	2.23%	4.87%	6.26%	7.51%	11.68%
潍坊	2.23%	3.25%	5.99%	6.85%	13.01%
济宁	1.57%	2.51%	6.11%	7.99%	13.17%
泰安	1.92%	3.85%	6.89%	8.65%	13.62%
威海	2.67%	6.38%	8.90%	10.39%	15.73%
日照	1.16%	4.25%	5.60%	8.49%	14.09%
临沂	2.29%	3.74%	7.61%	7.49%	11.23%
德州	1.65%	4.57%	9.32%	10.60%	13.89%
聊城	2.24%	4.79%	7.35%	8.79%	14.86%
滨州	1.98%	5.10%	5.95%	8.22%	14.45%
菏泽	1.63%	3.08%	6.52%	8.33%	12.86%

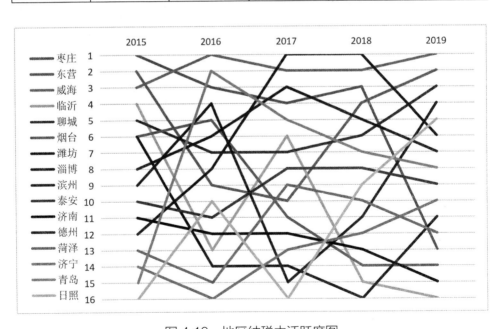

图 4.18　地区纳税中活跃度图

第四节
小结

1. 山东省小微企业总体社会责任活跃度

从地域划分来看，2019 年泰安社会责任活跃度最高，滨州社会责任活跃度最低。在 2015 年至 2018 年，各地市活跃度基本不变，但在 2019 年各区域有升有降，济南、青岛、淄博、东营、烟台、潍坊、泰安、日照、临沂、德州、聊城、菏泽下降，枣庄、济宁、烟台上升。

各地区社会责任承担意识与能力的差别可能与不同地区的政策引导程度、监管力度有关，例如对无污染程度高的企业来说，当地政府部门会给予更多的税收政策优惠，这反过来会刺激该企业在减少污染方面进一步加强，更积极地承担社会责任。

从行业划分来看，2019 年房地产行业社会责任活跃度最高，交通运输、仓储和邮政业山东省小微企业纳税活跃度最低，各行业社会责任活跃度在 2015 年至 2019 年持续上升，说明各行业小微企业承担社会责任的能力均有所加强。

2. 山东省小微企业就业活跃度

从行业划分来看，就业高活跃度中，房地产业占比最多，农、林、牧、渔业占比最低。就业中活跃度中，信息传输、软件和信息技术服务业占比最多，交通运输、仓储和邮政业占比最低。就业低活跃度中，农、林、牧、渔业占比最多，交通运输、仓储和邮政业占比最低。就业不活跃度中，交通运输、仓储和邮政业占比最多，科学研究和技术服务业占比最低。

活跃度各个行业之间差异的原因首先可能与行业属性有关，例如制造业是典型的劳动密集型企业，吸纳社会劳动力的能力相比于其他行业明显较强，尤其是可以很好地解决农村剩余劳动力等低端劳动力就业问题，这显著提升了该行业的社会责任承担能力；其次，还可能与政策引导程度有关，仍然以制造业为例，政府为了提升就业率对以制造业为代表的劳动密集型产业提供吸纳就业能力更优惠的税收政策，这也在一定程度上鼓励了制造业小微企业主动承担社会责任。

从地区划分来看，就业高活跃度中，泰安占比最多，东营占比最低。就业中活跃度中，烟台占比最多，枣庄占比最低。就业低活跃度中，临沂占比最多，青岛占比最低。就业不活跃度中，青岛占比最多，烟台占比最低。不同地区就业高活跃度均逐年上升，以上均说明各地吸纳就业的责任意识及落实呈现向好态势。

3. 山东省小微企业利税活跃度

从行业划分来看，各行业从 2015 年至 2019 年利税就业活跃度持续上升。2019 年纳税高活跃度中，农、林、牧、渔业占比最多，信息传输、软件和信息技术服务业占比最低。2019 年纳税中活跃度中，科学研究和技术服务业占比最多，交通运输、仓储和邮政业占比最低。2019 年纳税低活跃度中，交通运输、仓储和邮政业占比最多，房地产业占比最低。

从区域划分来看，各区域从 2015 年至 2019 年利税就业活跃度持续上升。在 2019 年纳税高活跃度层级中，烟台市纳税高活跃度最高，泰安占比最低。在 2019 年纳税中活跃度层级中，威海市纳税高活跃度最高，临沂占比最低。

从利税活跃度的调查结果来看，小微企利税活跃度总体上呈现上升趋势，说明小企业小微企业是刺激山东省经济发展的关键环节，尤其是小微企业税收是应该引起政府重点关注的领域，比政府对大企业采取的税收优惠政策能够产生更大幅度的积极效应、释放更多的改革红利。

第五章

2015—2020
山东省小微企业
动态活跃度分析

第一节
山东省小微企业动态活跃度整体分析

中国经济正处在结构调整期，经济运行中供需矛盾日益突出，供给侧结构性改革受到广泛关注，小微企业的发展在一定的程度上也受到了影响。因此，山东省小微企业活跃度在 2015 年至 2020 年的动态发展变化值得关注。我们在以上几个章节中得到的静态活跃度的基础上，引入企业成长与生命周期这一变量，将静态活跃度转换计算为动态活跃度，以此进行分析（见表 5.1，图 5.1）。

	2015 年	2016 年	2017 年	2018 年	2019 年
不活跃	36.8%	35.0%	33.2%	31.7%	36.4%
低活跃	31.4%	31.2%	31.3%	30.13%	29.6%
中活跃	20.0%	20.1%	20.1%	16.3%	17.4%
高活跃	11.7%	13.7%	15.4%	21.8%	16.6%

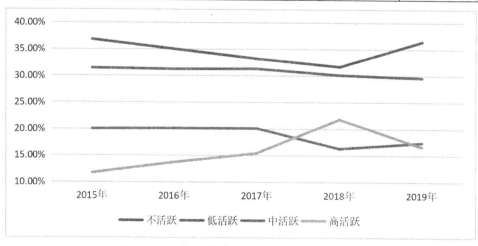

图 5.1　山东小微企业活跃状况的分年分析

表 5.1　山东小微企业活跃状况的分年分析

从山东省小微企业整体动态活跃度来看，2015—2020 年期间，小微企业的总体活跃度呈上升趋势，进一步证明了山东省商事改革以及一系列相关的小微企业扶持政策取得了一定的效果。高活跃度企业占比在 2018 年达到最高，为 21.8%，但在 2019 年却下滑到了 16.6%；中活跃度企业在 2015 年至 2017 年趋于平稳，在 2018 年和 2019 年发生变化，其中 2018 年占比下降，2019 年有少许回升；低活跃度企业在五年间整体略有下降，走势较平稳；而不活跃企业与高活跃企业恰好相反，2015 年至 2018 年逐年下降到 31.7%，2019 年却突然提升至 36.4%，几乎与 2015 年持平。

第二节
山东省小微企业动态活跃度：基于行业维度

2018 年 1 月，山东省被国务院确定为新旧动能转换综合试验区，在全省范围内实施新旧动能转换战略。发布的《山东省小微企业治理结构和产业结构"双升"战略实施方案》，在政策引领、要素支撑、产业引领和公共服务等方面做出详细部署，推动小微企业承担更多新旧动能转换的功能。新旧动能的转化涉及不同行业，在此，我们从行业维度入手，分析小微企业群体在 2015—2020 年的动态发展情况。

1. 行业高活跃度分析

针对问卷中所包含的 11 个基本行业的统计数据显示，虽然在 2015 年至 2019 年间，每个行业的高活跃企业均是上升的，但也同时在 2018 年前后出现了较大波动。截至 2018 年，每个行业的高活跃度企业占比逐年上升，且 2018 年涨幅最大，而这些行业高活跃度企业在 2019 年又纷纷出现显著回落。

从具体行业来看，制造业的高活跃度企业始终处于领跑地位，最高曾达到 28.30%，山东作为制造业大省，这种情况是比较合理的。房地产行业的高活跃度企业在 2018 年一骑绝尘，仅次于制造业上升至第二名（26.40%），在 2019 年虽同其他行业一样出现下降但还是超过了制造业成为第一名，占比 21.50%（见表 5.2，图 5.2）。2018 年全国房地产行业都出现白热化局面，国家也实施了一系列政策进行调控，2018 年 12 月 21 日的中央经济工作会议为 2019 年房地产调控方向定了调，即"要构建房地产市场健康发展长效机制，坚持房子是用来住的、不是用来炒的定位，因城施策、分类指导，夯实城市政府主体责任，完善住房市场体系和住房保障体系"，这或许是 2019 年房地产企业活跃度下降的原因之一。而像"科学研究和技术服务业"和"交通运输、仓储和邮政业"等行业的活跃度始终处于低位，科学研究和技术服务业与新动能的发展息息相关，可见在这一方面新动能成长不足，在未来要注重对这些行业的扶持力度。

表5.2 不同行业高活跃度

行业类别	2015 年	2016 年	2017 年	2018 年	2019 年
交通运输、仓储和邮政业	10.60%	11.40%	13.30%	18.80%	16.10%
信息传输、软件和信息技术服务业	11.80%	12.80%	14.40%	21.30%	15.90%
其他	13.70%	15.90%	17.30%	22.90%	16.80%
农、林、牧、渔业	15.10%	16.60%	18.20%	24.40%	17.30%
制造业	17.00%	18.80%	22.10%	28.30%	20.60%
居民服务、修理和其他服务业	10.40%	12.90%	15.70%	21.90%	16.20%
建筑业	10.20%	11.80%	13.50%	20.70%	16.90%
房地产业	13.20%	14.90%	15.70%	26.40%	21.50%
批发和零售业	9.70%	12.10%	13.40%	19.90%	15.00%
科学研究和技术服务业	8.90%	11.20%	12.40%	17.80%	15.10%
租赁和商务服务业	9.20%	11.10%	13.10%	19.30%	16.20%

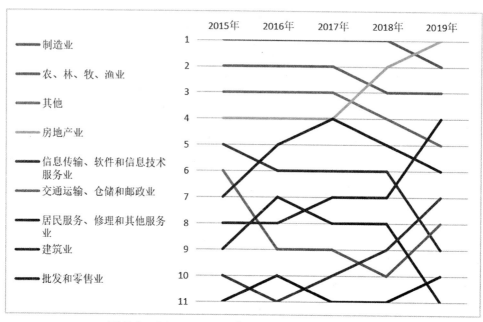

图5.2　2015—2019年不同行业高活跃度排名

2. 行业中活跃度分析

在不同行业中活跃度企业中，制造业同样处于领先地位，截至2017年中活跃度都保持在25%以上，但是制造业的中活跃企业总体呈下降趋势，2018年跌至21.4%，在2019年又继续下滑到与其他各行业相近的水平（19.4%），结合高活跃度和低活跃度来分析可知，2018年前制造业的中活跃度企业慢慢向高活跃转变，而2019年则转变为低活跃。除制造业之外的其他行业，它们的中活跃度企业占比较为相似，变化趋势也大致相同，2019年中活跃度企业基本集中在15%至20%之间（见表5.3，图5.3）。值得注意的是，中活跃度与高活跃度动态变化趋势相反，可以看出行业维度内，中、高活跃企业是有持续转化的。农、林、牧、渔业，建筑业，租赁和商务服务业的中活跃企业在这几年间排名上升明显，而居民服务、修理和其他服务业，房地产业，科学研究和技术服务业，信息传输、软件和信息技术服务业排名则下降。其中房地产业的中活跃度企业有多数转变为高活跃度。

表 5.3 不同行业中活跃度

行业类别	2015 年	2016 年	2017 年	2018 年	2019 年
交通运输、仓储和邮政业	18.40%	19.20%	18.90%	15.70%	14.50%
信息传输、软件和信息技术服务业	19.10%	20.50%	20.20%	17.10%	15.80%
其他	18.80%	18.30%	18.60%	15.50%	18.40%
农、林、牧、渔业	19.00%	20.20%	20.40%	16.90%	19.10%
制造业	26.00%	26.40%	25.50%	21.40%	19.40%
居民服务、修理和其他服务业	21.90%	21.90%	19.70%	15.90%	16.10%
建筑业	18.60%	19.20%	18.90%	14.80%	16.70%
房地产业	21.50%	20.60%	20.70%	13.30%	14.90%
批发和零售业	19.60%	19.10%	19.50%	15.70%	17.30%
科学研究和技术服务业	20.80%	20.80%	20.80%	16.60%	16.60%
租赁和商务服务业	18.80%	19.60%	20.00%	17.20%	16.70%

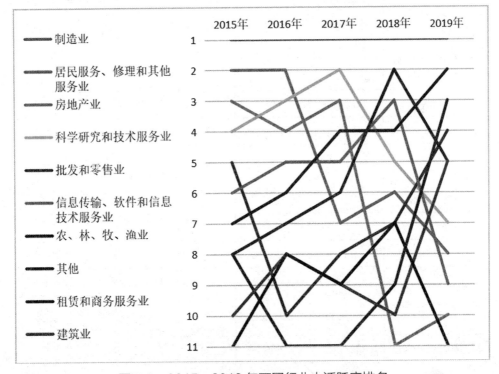

图 5.3 2015—2019 年不同行业中活跃度排名

3. 行业低活跃度分析

在问卷所统计的行业中，低活跃度企业走势是相对平稳的，不同行业比例不同，但大致都维持在 25% 到 35% 之间。2019 年不同行业内，低活跃度企业有增有减，制造业涨幅最大，从 25.6% 涨至 29.5%；而房地产业跌幅最大，从 34.7% 跌至 28.9%，这应当与 2018 年末中央继续坚持"房住不炒"定位的决心有关。房地产和制造两个行业的低活跃度变化与其中高活跃度企业变化相反，彼此吻合，同样可以看出房地产业活跃度在不断上涨，而制造业逐渐滞后，制造业的变化与新旧动能转变应有一定关联。交通运输、仓储和邮政业从 2015 年的第 10 位上升至 2019 年的第 3 位，科学研究和技术服务业更是从第 6 升至第 1 位；建筑业低活跃企业排名持续下降，这与其高、中活跃排名上升相吻合（见表 5.4，图 5.4）。

表 5.4　不同行业低活跃度

行业类别	2015 年	2016 年	2017 年	2018 年	2019 年
交通运输、仓储和邮政业	30.20%	32.10%	32.90%	31.40%	32.10%
信息传输、软件和信息技术服务业	33.10%	32.70%	34.10%	31.70%	29.90%
其他	30.30%	30.00%	29.80%	28.90%	27.40%
农、林、牧、渔业	30.90%	31.90%	32.10%	30.10%	30.30%
制造业	28.80%	28.00%	26.30%	25.60%	29.50%
居民服务、修理和其他服务业	33.10%	32.50%	33.90%	32.50%	32.30%
建筑业	31.30%	29.90%	31.00%	29.80%	28.80%
房地产业	34.70%	34.70%	35.50%	34.60%	28.90%
批发和零售业	32.40%	32.40%	32.60%	31.50%	30.00%
科学研究和技术服务业	31.30%	30.50%	32.40%	32.40%	33.20%
租赁和商务服务业	31.20%	30.60%	29.90%	28.00%	29.40%

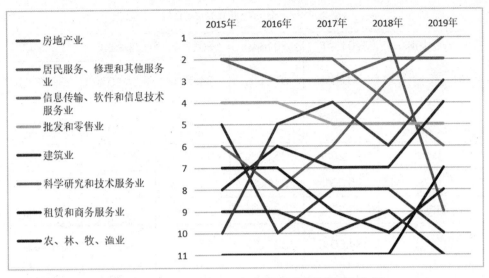

图 5.4 2015—2019 年不同行业低活跃度排名

4. 行业不活跃度分析

如图 5.5 所示，结合图 5.2，对于各个行业，不活跃企业和高活跃企业呈现相反的发展趋势。各个行业不活跃的企业在 2015 年至 2018 年不断减少，在 2019 年再次上升，这与高活跃度呈现相反态势，有理由认为在 2019 年有相当一部分高活跃度企业转变成了不活跃企业。

制造业作为山东省领头羊，不活跃企业历年均最低，而同为第二产业的建筑业的不活跃企业却一直处于高位；农、林、牧、渔业作为民之根本，不活跃企业占比在所有行业中处于偏低位置，动态活跃度的情况是比较好的；第三产业如"租赁和商务服务业"、"交通运输、仓储和邮政业"、"批发和零售业"和"科学研究和技术服务业"等的不活跃企业则处于较高水平。批发和零售业、租赁和商务服务业的规模非常大，较低的开立门槛使其增量巨大，但激烈的竞争可能是其不活跃的原因（见表 5.5，图 5.5）。

表 5.5　不同行业不活跃企业

行业类别	2015 年	2016 年	2017 年	2018 年	2019 年
交通运输、仓储和邮政业	40.80%	37.30%	34.90%	34.10%	37.30%
信息传输、软件和信息技术服务业	36.00%	34.00%	31.30%	29.90%	38.40%
其他	37.20%	35.80%	34.30%	32.70%	37.40%
农、林、牧、渔业	35.00%	31.30%	29.30%	28.60%	33.30%
制造业	28.20%	26.80%	26.10%	24.70%	30.50%
居民服务、修理和其他服务业	34.60%	32.70%	30.70%	29.70%	35.40%
建筑业	39.90%	39.10%	36.60%	34.70%	37.60%
房地产业	30.60%	29.80%	28.10%	25.70%	34.70%
批发和零售业	38.30%	36.40%	34.50%	32.90%	37.70%
科学研究和技术服务业	39.00%	37.50%	34.40%	33.20%	35.10%
租赁和商务服务业	40.80%	38.70%	37.00%	35.50%	37.70%

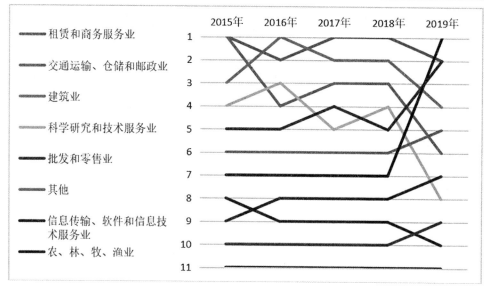

图 5.5　2015—2019 年不同行业不活跃企业排名

第三节
山东省小微企业动态活跃度：基于区域维度

1. 区域高活跃度分析

2018 年 2 月 13 日，山东省人民政府印发《山东省新旧动能转换重大工程实施规划》（鲁政发〔2018〕7 号），由此，山东全面启动该转换工程并纵向深入发展。新旧动能转换是关乎经济社会发展转型升级的重大战略改革和体制机制创新，各级地方政府必须抓住新旧动能转换的重大机遇，才能实现高质量可持续的发展。

山东省不同地市小微企业中，高活跃度的企业占比在 2015 年至 2019 年的变化趋势大致相同。2015 年至 2018 年高活跃度企业占比逐渐上升，且 2018 年涨幅明显，在 2019 年又出现明显下跌，但大都略高于 2017 年的水平（除德州、枣庄、聊城市），可见山东省新旧动能转化在各地市中是有成效的，2019 年的回落可能是政策重视程度下降、落实力度减轻所致。在 16 个地市中，菏泽市的高活跃度企业在这几年间一直处于第一位，显著高于其他地市，其在 2018 年甚至达到了 29.2%，说明菏泽市对小微企业政策实施较好；泰安、烟台、聊城市的高活跃度企业在这几年间也名列前茅。济宁市一直处于末位，高活跃度企业历年均为最低，同样保持在较低水平的还有青岛、滨州、威海等市。东营市在 2018 年涨幅最大，但同样未能在 2019 年得到保持（见表 5.6，

图 5.6）。

表 5.6　区域高活跃度情况

地市	2015 年	2016 年	2017 年	2018 年	2019 年
东营	9.6%	11.7%	12.5%	22.1%	15.0%
临沂	11.6%	13.6%	16.3%	24.3%	19.6%
威海	10.1%	11.9%	12.9%	17.7%	13.8%
德州	14.1%	15.2%	17.0%	23.2%	15.9%
日照	12.7%	14.5%	16.8%	22.2%	17.2%
枣庄	11.5%	14.4%	16.1%	22.3%	15.4%
泰安	15.7%	16.8%	18.3%	25.0%	18.9%
济南	8.3%	11.4%	13.5%	20.6%	14.9%
济宁	6.6%	8.6%	10.0%	15.2%	10.2%
淄博	8.5%	11.1%	13.1%	18.9%	13.8%
滨州	6.8%	9.1%	11.0%	17.3%	14.2%
潍坊	13.4%	15.1%	16.1%	22.4%	18.2%
烟台	14.6%	16.6%	18.1%	24.5%	19.1%
聊城	13.6%	15.2%	17.9%	23.3%	17.7%
菏泽	16.8%	20.7%	22.3%	29.2%	23.2%
青岛	8.5%	9.0%	10.8%	17.3%	13.5%

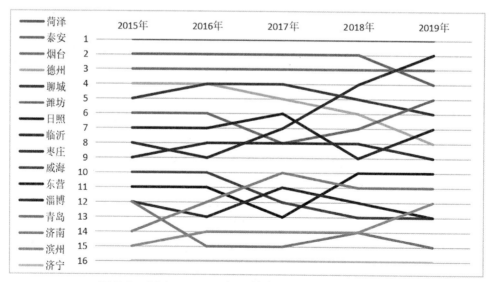

图 5.6　2015—2019 年区域高活跃度企业占比排名

2. 区域中活跃度分析

数据显示，山东省大部分地市的中活跃度小微企业变化趋势相同，2015
至 2020 年间虽有变动，但大多保持在 13% 到 22% 之间，同时所有地市中活
跃度企业在 2018 年都有所减少，应当是有部分企业转变至高活跃，除威海、
日照、菏泽三个地市外又在 2019 年有所增加，枣庄市和滨州市 2019 年增量
最为明显。我们可以看到，威海市中活跃度企业曾在 2015 年达到 36.90%，
而在 2016 年大幅减少至 20.30%，且除 2017 年有少许回升之外，持续处于减
少状态，从 21.20% 一路跌至 14.40%。2016 年，在中活跃度企业基本持平或
略有下跌时，菏泽市却从 25.60% 涨到了 28.90%（见表 5.7，图 5.7）。

表 5.7 区域中活跃度情况

地市	2015 年	2016 年	2017 年	2018 年	2019 年
东营	19.70%	20.90%	21.90%	15.80%	17.20%
临沂	23.90%	24.80%	24.60%	19.10%	19.50%
威海	36.90%	20.30%	21.20%	17.20%	14.40%
德州	19.20%	19.70%	19.40%	16.50%	18.70%
日照	19.30%	20.20%	19.10%	17.40%	16.60%
枣庄	16.40%	14.80%	14.70%	10.50%	19.00%
泰安	21.20%	21.50%	21.90%	18.30%	19.20%
济南	21.60%	21.30%	19.90%	16.10%	16.40%
济宁	16.40%	15.70%	15.90%	11.60%	15.20%
淄博	17.70%	18.40%	18.90%	15.20%	16.70%
滨州	14.20%	12.70%	12.20%	8.80%	16.10%
潍坊	17.90%	16.70%	17.30%	13.60%	15.40%
烟台	20.90%	20.80%	21.10%	17.60%	19.10%
聊城	19.50%	19.50%	18.50%	15.40%	17.80%
菏泽	25.60%	28.90%	24.80%	19.90%	17.70%
青岛	18.50%	21.20%	21.30%	17.30%	18.80%

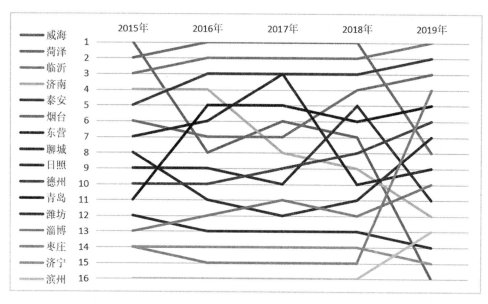

图 5.7　2015—2019 年区域中活跃度企业占比排名

3. 区域低活跃度分析

从下方图表中可以看出，山东省低活跃度小微企业在 2015—2020 年间的变化与其他活跃度相比显得较为复杂。除威海、菏泽、淄博、临沂之外，其余 12 地市低活跃度企业虽有增有减但变化幅度很小，基本保持稳定。威海市低活跃度企业在 2016 年大幅增加，这与同年威海市中活跃度企业的减少相呼应，之后威海市低活跃度企业便维持在 35% 上下；菏泽市低活跃度企业在这几年中略有波折，最低在 2016 年的 22.3%，最高则是 2015 年的 29.1%；而淄博和临沂市低活跃度企业持续下跌，其中临沂市在 2019 年减量显著。淄博高新区推进一系列一线工作举措，让小微普惠退抵税政策在高新区稳稳落地，充分惠及小微企业，这可能是造成其低活跃度企业持续降低的原因所在（见表 5.8，图 5.8）。

表 5.8　区域低活跃度情况

地市	2015 年	2016 年	2017 年	2018 年	2019 年
东营	32.4%	30.5%	30.6%	29.3%	26.8%
临沂	38.7%	36.8%	35.7%	33.9%	29.3%
威海	18.6%	34.7%	35.2%	35.6%	35.3%
德州	31.1%	30.4%	31.6%	30.9%	30.5%

地市	2015 年	2016 年	2017 年	2018 年	2019 年
日照	32.1%	31.7%	32.2%	30.1%	30.1%
枣庄	29.8%	31.1%	32.2%	31.1%	32.5%
泰安	31.0%	31.9%	30.8%	29.5%	26.8%
济南	31.9%	31.8%	32.7%	30.1%	28.2%
济宁	25.9%	27.1%	27.1%	28.5%	28.2%
淄博	38.2%	37.3%	36.8%	36.6%	33.7%
滨州	24.3%	26.1%	26.9%	26.3%	26.4%
潍坊	30.7%	31.2%	32.2%	30.8%	29.2%
烟台	29.9%	29.8%	29.5%	27.7%	29.1%
聊城	29.5%	30.5%	31.0%	29.8%	30.0%
菏泽	29.1%	22.3%	26.5%	25.0%	28.5%
青岛	30.5%	29.8%	29.5%	29.2%	29.7%

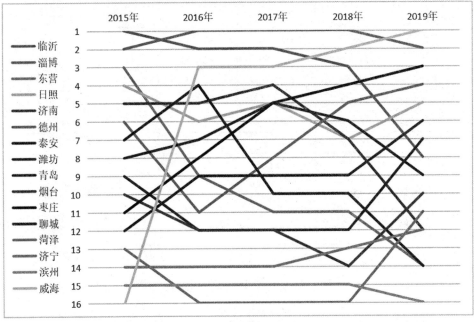

图 5.8 区域低活跃度企业占比

4. 区域不活跃度分析

统计结果显示,不活跃的小微企业数量变化趋势与高活跃度企业恰好相反。所有地市的不活跃企业占比在 2015 至 2018 年之间呈持续下跌态势,并且在 2019 年得到反弹,不少地市的不活跃企业占比一下回到了 2015 年的水平。而枣庄和滨州是唯二的两个例外,这两个地市的不活跃企业占比在 2019 年继续下跌，其下跌幅度甚至不输往年。滨州、济宁的不活跃企业适中居于高位，相关政府应注意加大小微企业发展的工作力度（见表5.9，图5.9）。

表5.9 区域不活跃度情况

地市	2015年	2016年	2017年	2018年	2019年
东营	38.3%	36.9%	35.0%	32.8%	41.0%
临沂	25.8%	24.8%	23.4%	22.7%	31.6%
威海	34.4%	33.1%	30.7%	29.5%	36.5%
德州	35.6%	34.7%	32.0%	29.4%	34.9%
日照	35.9%	33.6%	31.9%	30.3%	36.1%
枣庄	42.3%	39.7%	37.0%	36.1%	33.1%
泰安	32.1%	29.8%	29.0%	27.2%	35.1%
济南	38.2%	35.5%	33.9%	33.2%	40.5%
济宁	51.1%	48.6%	47.0%	44.7%	46.4%
淄博	35.6%	33.2%	31.2%	29.3%	35.8%
滨州	54.7%	52.1%	49.9%	47.6%	43.3%
潍坊	38.0%	37.0%	34.4%	33.2%	37.2%
烟台	34.6%	32.8%	31.3%	30.2%	32.7%
聊城	37.4%	34.8%	32.6%	31.5%	34.5%
菏泽	28.5%	28.1%	26.4%	25.9%	30.6%
青岛	42.5%	40.0%	38.5%	36.3%	38.0%

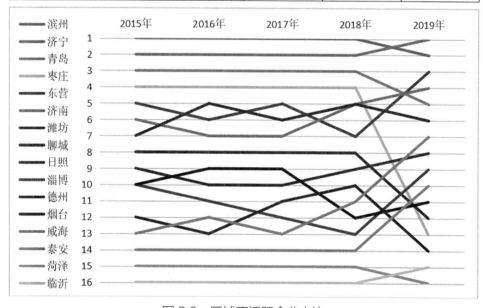

图5.9 区域不活跃企业占比

第四节
小结

1. 全省小微企业动态活跃度整体呈上升态势

山东省小微企业动态活跃度虽在 2019 年有回落式下降，但 2015 至 2020 年期间是整体上升的，这说明山东省商事制度改革、新旧动能转化战略以及一系列小微企业扶持政策都有所成效。这几年间动态活跃度最高为 2018 年的 38.1%（高活跃 21.8%+ 中活跃 16.3%，下同），最低为 2015 年的 31.7%（11.7%+20.0%）。

2. 制造业持续领军，第三产业普遍走低，房地产业异军突起

从行业维度看，各个行业的活跃度变化各不相同，其差异与行业自身属性和政策引导程度都有联系。制造业作为山东省的领军产业，它的活跃度水平在这几年间始终居于领先地位。而与制造业同属于第二产业的建筑业，其活跃度却处于较低水平。农、林、牧、渔业的活跃度在这几年间处于中等偏高水平，变化幅度不大且变化趋势与山东省小微企业总体趋势趋同，作为民生之本的第一产业，这是合理的。而第三产业的情况则较为复杂，虽然规模庞大，但活跃度普遍较低。其中一些行业或多或少与新动能相关，可见有关新动能的应用与发展存在不足。另外，房地产业中高活跃企业较多且增幅明显，虽在国家政策的引领下有所放缓，但仍在 2019 年超过了制造业，活跃度位列

第一。

3．地市差距明显，政策落实情况不平衡

从区域维度来看，山东省小微企业的活跃度在 2015 年至 2020 年的变化大致可以分为三类。一是持续上升的，如滨州、枣庄，滨州和枣庄市的 GDP 处于山东省较低水平，其成长空间很大，小微企业的发展态势良好。二是与小微企业整体变化趋势相同的，2018 年以前持续增长，2019 年出现下跌的，如临沂、烟台、泰安、日照、聊城、德州、东营、潍坊、济南、青岛、淄博、济宁，其中济宁市的动态活跃度一直处于低位，济宁市政府应当多多关注小微企业的成长。三是变化情况复杂的，如菏泽和威海，菏泽市的活跃度在 16 个地市中属于佼佼者，但其在 2015—2019 年间不断变化，时增时减；而威海，其高活跃度企业占比虽不高，但中活跃度企业在 2015 年拔得头筹，遗憾的是，2016 年威海市的中活跃度企业"跳崖"式减少，使得威海市总体活跃度仍处于较低水平。

第六章

2015—2020
山东省小微企业活跃度
——基于外部环境因素
的追溯分析

第一节
营商环境与小微企业活跃度

2020年，山东省推出了优化市场准入环境、营造公平竞争环境、提高市场监管效能、提供便利高效服务四方面的21条举措，以持续深入优化营商环境。各级、各部门把优化营商环境作为重大任务。省委办公厅、省政府办公厅把优化营商环境政策落实情况纳入重点督查任务，跟踪调度督办。省委组织部在各市经济社会发展综合考核和省直机关绩效考核中，提高了优化营商环境考核权重。这些举措无疑为小微企业提供了一个更加良好的营商环境。

1. 营商环境改善效果

习近平总书记在民营企业座谈会上，强调要不断为民营经济营造更好的发展环境，帮助民营经济解决发展中的困难。提出要营造公平竞争环境、抓好减轻企业税费负担、解决民营企业融资难融资贵、完善政策执行方式、构建"亲""清"新型政商关系、保护企业家人身和财产安全六个方面的政策举措。对于地方政府贯彻习近平总书记六项举措的落实情况，有近六成（58.76%）的小微企业认为"地方政府出台了一系列配套政策，实际执行力度较大，已产生明显效果"；有24.11%认为"地方政府出台部分配套政策，实际执行力度较大，但仍有部分配套政策的针对性不强"；分别有11.62%和11.72%认为"地方政府出台了配套政策，实际执行较为迟缓，具体落实有待时日"和"地方政府的配套政策流于形式，缺乏可执行性，营商环境仍有待改善"。进一步分区域进行分析时，发现临沂市27.02%、济南市22.75%、青岛市19.75%的小微企业认为"地方政府的配套政策流于形式，缺乏可执行性，营商环境仍有待改善"，因此这些地区还需进一步分析营商环境方面存在的特定问题，精准制定优化营商环境的工作举措，助力小微企业成长（如图6.1）。

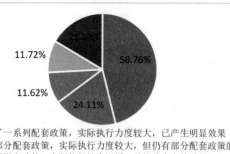

图6.1 六项举措的落实情况

关于营商环境具体改善的方面，从本次调查结果看来，分别有32.52%、31.96%和22.10%的小微企业认为"市场准入有所改善"、"市场监管进一步加强"和"市场信用体系建设有所改善"，有26.82%和21.01%的小微企业认为"土地、劳动力、水电气等要素支撑有所改善""融资支持有所改善"，表明今年市场环境的改善已取得初步效果。但是，仅有9.25%、7.75%、7.58和5.98%的小微企业认为"产权保护有所改善"、"司法公正进一步加强"、"涉企执法更加公正"和"企业维权难度降低"，这说明小微企业所处的法治环境的改善效果并不明显，政府机构需要进一步完善契合小微企业发展的法治体系，为小微企业营造一个良好的法治环境。

习近平总书记曾多次强调要构建"亲""清"新型政商关系。但构建新型政商关系，也非一朝一夕之功。此次调查结果显示，仅有8.35%的小微企业认为"亲、清政商关系进一步确立"。因此各级政府仍需高度重视，把构建"亲""清"新型政商关系的要求落到实处（如图6.2）。

图6.2　小微企业营商环境改善效果

2. 营商环境存在的主要问题

虽然相较以往年份，市场环境已得到明显改善，但目前小微企业的"痛点""难点"仍落在需求不足、成本高企的问题上。根据本次调查结果，分别有60.14%和42.98%的小微企业认为"用工成本上升""国内市场需求不足"是当前面临的主要困难，另外小微企业还存在"融资难、融资贵"的问题（15.79%）；对于政策政务环境，有15.51%的小微企业认为存在"税费负担重"的问题，13.63%认为存在"公共服务不到位"的问题，还有12.16%小微企业认为"节能减排压力大"影响了企业的发展；对于法治环境，分别有22.59%和12.11%的小微企业认为"市场秩序不够规范"和"对企业和企业主财产权保护不够"，10.41%的小微企业认为自身在司法审判中的平等地位不够；政商环境中存在的主要问题为"对小微经济的负面舆论较多"（29.06%）和"政府沟通不畅"（10.82%）（见表6.1）。

表6.1 影响小微企业发展的环境因素

	影响因素	企业比例
市场环境	用工成本上升	60.14%
	国内市场需求不足	42.98%
	融资难、融资贵	15.79%
	能源供应紧张	10.77%
	出口订单减少	7.33%
	土地供应紧缺	4.41%
	人民币汇率变动	2.57%
政策政务环境	税费负担重	15.51%
	公共服务不到位	13.63%
	节能减排压力大	12.16%
	民间投资政策实施细则落实不到位	8.71%
	垄断行业门槛过高	7.48%
	垄断行业开放度不高	5.74%
	"卷帘门""玻璃门""旋转门"	4.59%
法治环境	市场秩序不够规范	22.59%
	对企业和企业主财产权保护不够	12.11%
	小微企业在司法审判中的平等地位不够	10.41%
	依法行政不够规范	7.57%
	对企业主人身权益保护不够	6.98%
	对知识产权的保护不够	3.92%
政商环境	对小微经济的负面舆论较多	29.06%
	政府沟通不畅	10.82%
	政府干预过多	4.93%
	政府官员帮扶企业意识差	4.66%
	地方保护主义	4.22%
	政府部门和国企拖欠账款较多、较久	3.27%
	地方政府诚信缺失	1.53%
	政府官员懒政、怠政	1.37%
	政府官员存在吃拿卡要现象	0.85%

第二节
新冠疫情与小微企业活跃度

为衡量新冠疫情对山东省小微企业活跃度产生的影响，项目组调查了疫情对企业生产经营状况、出口业务、营业利润、裁员情况的影响，以及小微企业应对疫情影响采取的措施等，并详细分析了不同行业的具体情况。基于覆盖全山东省小微企业调查的结果，本文较为详细地描述了小微企业受疫情影响的情况。

1. 疫情对小微企业生产经营的影响

新冠疫情暴发对我国经济社会等各方面均造成了不容忽视的影响，特别是抗风险能力较弱的小微企业所受冲击巨大。当评估"新冠疫情对小微企业生产经营的影响"时，71.83% 小微企业认为疫情对其生产经营情况产生影响。其中，31.86% 的小微企业选择了"影响较小，企业经营出现一些困难，但经营总体保持稳定"；31.80 % 的小微企业表示"影响较大，导致企业经营出现暂时性困难"，仅 6.55% 的小微企业表示"没有明显影响"；28.17% 的小微企业表示自己生产经营没有受到任何影响；而选择"为企业发展带来新的机遇"的小微企业占 1.62%。（如图 6.3）

从不同行业的情况来看，居民服务、修理和其他服务业，交通运输、仓储和邮政业，批发零售业，信息传输、软件和信息技术服务业，房地产业中表示"影响较大，导致企业经营出现暂时性困难"的小微企业最多，占比分别达到 37.38%、33.73%、31.83%、29.88% 和 29.75%（如图 6.3）。

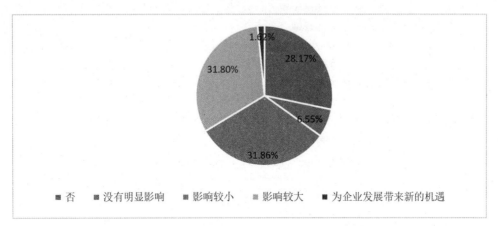

图 6.3　疫情对小微企业生产经营的影响程度

当问及"疫情对企业生产经营存在的主要影响"时，35.95% 的小微企业选择了"市场订单减少"，27.52% 的小微企业选择了"停工、停产造成生产进度拖延"，18.39% 的小微企业选择了"生产经营成本高"，选择"交通、物流等方面的影响"和"产品市场需求受到抑制"的小微企业约为 14.5% 和 14.34%。除此之外，有 13.53% 的小微企业选择了原材料等上游供应链出现断裂（如图 6.4）。

从行业的情况来看，由于疫情影响，"市场订单减少"是制造业，批发和零售业，房地产业，租赁和商务服务业等小微企业面临的主要问题（选择此项的小微企业数均在 30% 以上）；建筑业，制造业小微企业还面临"停工、停业造成生产进度拖延"的问题（选择此项的小微企业数均在 35% 以上）；交通运输、仓储和邮政业的主要困难表现为"交通、物流等方面的影响"（22.35%）。（如图 6.4）。

对于一些小微企业来说，疫情是导致了企业"有订单但无法正常生产经营"，有 59.64% 的小微企业认为企业无法正常生产运营的原因是"原材料供应商无法供货"，有 58.63% 的小微企业认为原因是"员工无法正常返岗"。

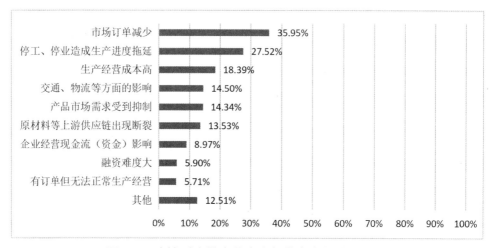

图6.4 疫情对小微企业生产经营存在的主要影响

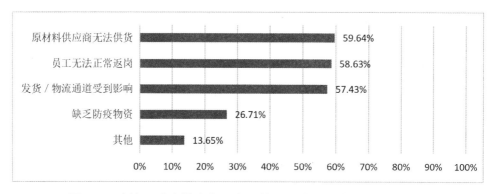

图6.5 疫情导致小微企业虽有订单但无法正常生产经营的原因

分别有57.43%和26.71%的小微企业认为产品发货或物流通道受制于运输管制、缺乏防疫物资是有订单但无法正常经营的主要原因（如图6.5）。

对于一些小微企业来说，疫情导致其生产经营成本高企。超八成（84.03%）的小微企业认为"人工成本支出增加"是其生产经营成本高企的原因；分别有71.43%、51.84%的小微企业认为其原因为"原材料成本上涨"和"物流成本增加"。

此外，"财务费用高"和"税费压力大"等因素也导致了小微企业生产经营成本上升，分别达到了20.96%、15.03%的比例（如图6.6）。

对于企业经营现金流（资金）受影响的小微企业，其主要原因来自"营业收入减少，流动资金紧张"（89.13%）。也有29.54%的小微企业，认为"企

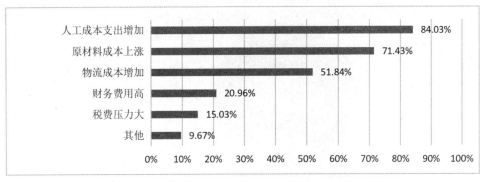

图 6.6 疫情导致小微企业生产经营成本高企的原因

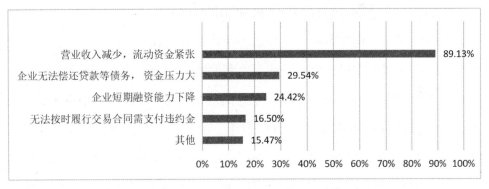

图 6.7 疫情对小微企业经营现金流方面的影响

业无法偿还贷款等债务，资金压力大"影响了其企业经营现金流（资金）。分别有 24.42%、16.50% 的小微企业认为"企业短期融资能力下降""无法按时履行交易合同需支付违约金"是其经营现金流受影响的原因（如图 6.7）。

2. 疫情对小微企业出口业务的影响

由于 2021 年实施 15 项稳外贸稳外资政策措施、提高 1400 多项产品出口退税率、阶段性免征加工贸易企业内销税款缓税利息、阶段性免征进出口货物港口建设费、减半征收船舶油污损害赔偿基金、将内销选择性征收关税政策试点扩大到所有综合保税区等政策，对于出口型企业和涉及出口业务的小微企业来说，仅有 20.01% 的企业表示疫情对其出口产生影响，其中 8.15% 出口业务水平大幅下降，3.78% 国外进口受到限制，2.77% 国外进口的意愿受到影响，还有 1.73% 的小微企业表示被替代。出口业务没有受到影响的企业高达 79.99%（如图 6.8）。

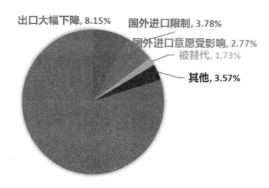

出口大幅下降, 8.15%　国外进口限制, 3.78%

国外进口意愿受影响, 2.77%

被替代, 1.73%

其他, 3.57%

图 6.8　疫情对小微企业出口业务的影响

3. 预计疫情对小微企业营业利润的影响

无法像往年一样按时开工，导致小微企业营业收入下降，但房租、人工等成本却需要如期支付，势必造成企业利润减少甚至亏损。调查结果显示，31.93% 的小微企业预计营业利润与上年同期相比有所下降。其中有 1.29% 的小微企业预计营业利润将减少 50% 以上，0.95% 的小微企业预计营业利润将减少 40%~50%，1.62% 的小微企业认为预计将减少 30%~40%，4.48% 的小微企业预计将减少 20%~30%，8.08% 的小微企业预计将减少 10%~20%，15.52% 预计营业利润减少 10% 以内。预计本期营业利润与上期基本持平的小微企业比例达到 29.08%，预计营业利润比上年同期增加的仅有 5.55%。与此同时，超三成（33.44%）的小微企业预计 2020 年将亏损（见表 6.2）。

表 6.2　预计疫情对小微企业营业利润的影响

预计影响	影响程度	比例
预计较上年同期有所下降	下降 10% 以内	15.52%
	下降 10% ~ 20%	8.08%
	下降 20% ~ 30%	4.48%
	下降 30% ~ 40%	1.62%
	下降 40% ~ 50%	0.95%
	下降 50% 以上	1.29%
预计亏损		33.44%
预计与上年基本持平		29.08%
预计较上年同期有所增加		5.55%

4. 疫情导致小微企业裁员的情况

疫情无疑会影响小微企业的用工人数。从统计结果来看，18.68% 小微企业表示，疫情导致了不同程度上的裁员。其中，因疫情裁员不超过 10%、裁员 10%~30%、裁员 30%~50% 的小微企业分别占 8.25%、4.91% 和 2.49%，因疫情裁员 50%~70% 的小微企业占比为 1.12%，裁员超过 70% 的小微企业有 1.90%。将近八成（81.32%）的小微企业表示疫情未导致企业裁员。（见表 6.3）。

表6.3 疫情导致小微企业裁员的情况

是否导致裁员	裁员比例	比例
是	不超过 10%	8.25%
	10% ~ 30%	4.91%
	30% ~ 50%	2.49%
	50% ~ 70%	1.12%
	超过 70%	1.90%
否		81.32%

5. 小微企业应对疫情影响采取的措施

针对疫情产生的影响，小微企业纷纷采取了应对措施。19.94% 的小微企业采取了"阶段性停产歇业"的措施，15.52%、11.75% 的小微企业分别采取了"现有股东提供资金"和"增加贷款"的措施，有 13.73% 和 11.08% 的小

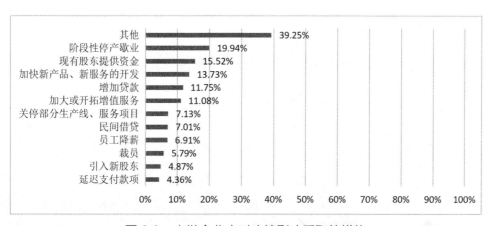

图6.9 小微企业应对疫情影响采取的措施

微企业"加快新产品、新劳务开发""加大或开拓增值服务"以应对疫情产生的影响。可以看出，疫情促使了部分企业升级其产品和服务，同时也反映了小微企业疫情期间经营现金流受到影响的问题（如图6.9）。

第三节
减税降费与小微企业活跃度

1. 减税降费政策效果

　　"减税降费、惠民利企"是近年来山东省财政工作的重中之重和 "高频词"。2020年以来，特别是新冠疫情发生以来，为支持疫情防控，助力复工复产，国家和山东省分别针对不同的领域和群体出台了一系列税费优惠政策。对受疫情影响大的困难行业和抗风险能力差的小微企业给予税收减免。将小规模纳税人适用3%征收率的应税销售收入，减按1%征收增值税并对小微企业实施阶段性免征。在上述税费减免政策基础上，山东省积极回应社会诉求，结合实际出台了省级减税政策，并强调今年的减税降费政策，不是 "大水漫灌"，而是 "精准施策"。出台了 "房产税、城镇土地使用税困难减免" "出租人为服务业小微企业和个体工商户减免租金的，对应减免房产税、城镇土地使用税" "减征小规模纳税人六税两费" "从事个体经营的重点群体可享受税收优惠政策" "省定涉企行政事业性收费项目已全部取消" 等九项省级层面税费减免政策。根据本次调查结果可知，2020年分别有44.17%、28.24%、16.59%、15.07%的小微企业认为企业今年增值税，应纳税所得额，社保费缴费基数范围、费率，电价有所降低。也有一部分企业享受到了政策带来的附加税、经营服务性收费等税费的降低。（如图6.10）。

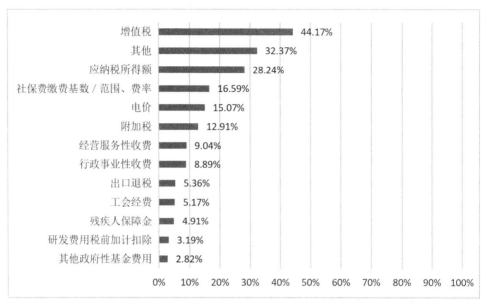

图 6.10　2020 年小微企业减税降费情况

对于减税降费政策对企业经营的影响，有 63.05% 的小微企业认为减税降费政策使企业营业利润得以增加，但其中有 35.64% 认为效果不明显，有 19.59% 表示减税降费对其营业利润的增加有 10% 以内的影响，有 5.29% 认为对其营业利润产生 10%—30% 的影响；同时有 62.24% 表示企业承担的社保有所下降，其中有 30.89% 表示无明显影响，有 17.37% 表示有 10% 以内的影响，有 6.63% 表示有 10%—30% 的影响；关于生产成本，有 61.37% 的小微企业认为减税降费政策使其成本降低，但其中 34.01% 的企业认为效果不明显；有 50.56% 的小微企业表示企业研发费用投入今年增加，其中有 4.03% 称减税降费政策使其研发费用产生了 10%—30% 的增长。以上结果表现了山东省减税降费政策取得了初步成效，做到了在疫情期间为经营困难的小微企业减负降压（如图 6.11）。

2020 年因为政府减税降费政策，山东省小微企业在许多方面据此进行了调整。其中有 37.75% 和 26.07% 的小微企业分别选择了"进一步拓展市场"和"提升产品＋服务质量"。有 19.08% 的小微企业表示其优化了员工结构；另外分别有 11.06% 和 10.91% 的小微企业加大了新增投资、提升了企业附加价值（如图 6.12）。

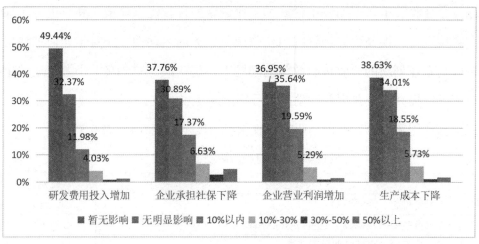

图 6.11 2020 年国家减税降费政策对小微企业经营的影响

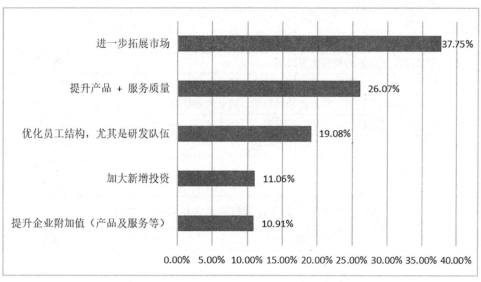

图 6.12 因减税降费政策小微企业的优化调整情况

2. 小微企业对减税降费政策的建议

在对政府未来制定减税降费政策提出建议时，有 56.68% 的小微企业建议政府"进一步减免税收、降低税率"；其次有 36.94% 建议"进一步降低社保缴费基数／范围、缴存费率"；分别有 20.59%、14.96%、13.22% 提出需要政府"进一步优化电价，降低企业用电成本""进一步降低物流运输成本""降低工会经费"；也有一部分小微企业建议政府"进一步优化残疾人保障金征收政策""加快出台鼓励企业创新的税收优惠政策"和"进一步加大政策宣传,提高税务主管部门税收减免服务的主动性"。对于如何加快出台鼓励企业创新的税收优惠政策的问题上,超三成(33.71%)小微企业希望政府可以提高对企业创新活动出现亏损的减免税的支持力度,28.57%希望可以提高对创新平台、创投企业的税收优惠力度(见表6.4,表6.5)。

表6.4 对政府减税降费政策的建议

建议类型	比例
进一步减免税收、降低税率	56.68%
进一步降低社保缴费基数/范围、缴存费率	36.94%
进一步优化电价,降低企业用电成本	20.59%
进一步降低物流运输成本	14.96%
降低工会经费	13.22%
进一步优化残疾人保障金征收政策	12.77%
加快出台鼓励企业创新的税收优惠政策	12.76%
进一步加大政策宣传,提高税务主管部门税收减免服务的主动性	11.34%
进一步停征或取消行政事业性收费项目范围、降低收费标准	11.19%
进一步优化税收征管程序,优化办税服务	10.90%
统筹安排税费改革,合理调整税费种类设置	9.93%
产业链上下游政策优惠统筹安排	6.56%
其他	29.90%

表6.5 鼓励小微企业创新的税收优惠政策的建议

建议类型	比例
计提科技开发风险准备金	16.53%
新技术产业化资产投资免税制度	17.35%
对企业创新活动出现亏损的减免税支持力度	33.71%
对创新平台、创投企业的税收优惠力度	28.57%

第四节
小结

本次调查显示，近七成小微企业 2020 年生产经营情况受到了新冠疫情不同程度的影响。从不同行业的情况来看，居民服务、修理和其他服务业，交通运输、仓储和邮政业，批发零售业，信息传输、软件和信息技术服务业，房地产业受影响较大，企业经营出现暂时性困难的小微企业较多。因今年无法正常开工，有近三成的小微企业预计营业利润与上年同期相比有所下降，同时也存在超三成的小微企业预计 2020 年将发生亏损。小微企业在选择生产经营受影响的主要原因时，主要集中在市场订单减少，停工、停业导致生产进度拖延，生产经营成本高等方面。

为助力小微企业发展，山东省 2020 年推出了优化营商环境的 21 条举措。对于习近平总书记提出的优化营商环境的六项举措，山东省有近六成的小微企业表示地方政府已出台一系列配套政策，产生了明显效果。其中改善效果最为明显的为市场环境，具体表现为市场准入有所改善、市场监管进一步加强和土地、劳动力、水电气等要素支撑有所改善等。其次，山东省已针对不同的领域和群体出台了一系列税费优惠政策，这些政策为最困难、最急需的企业减负降压，从本次调查结果来看，山东省减税降费政策帮助近六成的小微企业不同程度地降低了生产成本，获得了明显成效。虽然相较以往年份市场环境已有所改善、减税降负政策也产生了初步效果，目前多数小微企业仍期望地方政府可以进一步改善市场环境、帮助其解决市场需求不足和成本高的问题。

第七章

2015—2020 影响山东省小微企业活跃度的主要因素与解决对策

第一节
2015—2020 山东省小微企业活跃度研究结论

1. 2015—2020 山东省小微企业总体数量呈现平稳增长态势，行业和地区上存在分化

2015—2020 年，山东省小微企业总体数量呈现平稳增长态势，总体存续比和注销比分别保持在 80% 和 3% 左右，小微企业的生存情况无较大变化。地区上菏泽、聊城和临沂情况相对较好，烟台、淄博、威海和青岛情况相对较差。行业上传统业达 75% 以上，新兴行业和高附加值行业占比较低，采矿业与金融业总体存续比明显低于非存续占比，行业情况不容乐观。

2. 2015—2020 山东省小微企业总体经营活跃状况相对良好，各行业间相对均衡，地区间略有差别

（1）山东省小微企业融资活跃度情况不容乐观，小微企业融资难融资贵的问题依然存在。所有的地区中，融资不活跃与融资低活跃的小微企业占比之和都超过了 50%，其中，济宁和滨州的小微企业融资活跃度最低。各类行业的小微企业的融资状况呈现出"两头重，中间轻"的现象，即高融资活跃度和不活跃小微企业占比多的情况。

（2）山东省小微企业投资活跃度相对较高，对外投资已成常态。2019 年小微企业投资活跃的占比均值为 37.22%，济宁状况依然相对较差，行业中

制造业的投资活跃度最高，科学研究和技术服务业的投资活跃度最低。

（3）山东省小微企业管理活跃度相对较低，管理活动需引起重视。小微企业各地区高活跃企业占比均值为36.89%，其中，管理活跃度最高的地区是菏泽，最低的地区是滨州，低活跃度占比为77.05%。房地产行业管理活跃度最高，高活跃度占比48.76%。在管理活动上，小微企业还需要政府的引导以及自身的投入的加强。

3. 2015—2020山东省小微企业总体创新活跃度普遍偏低，创新水平有待提高

（1）山东省小微企业技术创新活跃度普遍偏低，地区之间略有差别。山东省小微企业技术创新活跃度各地区及行业普遍偏低，95%以上小微企业都为不活跃状态，各地区之间技术创新活跃度状况略有差别，烟台市的技术创新情况较好，济南、滨州等市几乎处于低活跃不活跃状态。

（2）山东省小微企业品牌创新活跃度偏低，小微企业品牌创新意识不强。山东省各地区小微企业品牌创新活跃度较低，约有90%的小微企业处于不活跃状态，其中，烟台、聊城、泰安市的品牌创新活跃度相对较高。行业中有91%左右的企业都为不活跃状况，制造业，科学研究和技术服务业和农、林、牧、渔业品牌创新活跃度较高。

（3）山东省小微企业利用网络进行创新活动的意识较差，高新技术行业网络创新状况相对较好。山东省小微企业网络创新活跃度略有差别，但差距不大，都显示着较低的网络创新活跃度。滨州市相对其他市创新活跃度较低，高新技术行业如信息传输、软件和信息技术服务业创新活跃度相对较好。

4. 2015—2020山东省小微企业社会责任活跃状况总体保持向好态势，社会责任担当意识不断加强

（1）山东省小微企业纳税活跃度呈现增长态势，但仍处于较低水平。2019年山东省各地区纳税高中低活跃度均值分别为27.78%、13.47%、73.09%，各行业纳税高中低活跃度均值分别为28.54%、13.85%、57.61%，可以看出，山东省小微企业纳税活跃度处于较低水平，同时也表现出一定的增长态势。

（2）山东省小微企业就业活跃度同样处于较低水平，吸纳就业能力仍需提升。在各地市就业的高活跃度上，泰安、潍坊市占比较高，不活跃度上，青岛市占比最高为 63.50%。房地产业，信息传输、软件和信息技术服务业的就业活跃度处于较高水平，农、林、牧、渔业就业活跃度较低。

5. 2015—2020 山东省小微企业整体动态活跃度呈上升趋势，地区动态活跃度变化不一，制造业领先地位出现动摇，第三产业表现不佳

从山东省小微企业整体动态活跃度来看，2015 至 2020 年期间，小微企业的总体活跃度呈上升趋势。从区域维度来看，菏泽市的活跃度在 16 个地市中相对较高，滨州、枣庄市动态活跃度持续上升，威海市总体活跃度仍处于较低水平。

山东省作为制造业大省，制造业的总体活跃度一直保持在领先水平，但是近年呈现出总体下降趋势，应该注意制造业的产能升级问题，与此同时房地产企业的总体活跃度表现为上升态势，而一些第三产业，如高新技术产业、教育、文化娱乐等服务业的动态活跃度总体来看表现不佳。

6. 2015—2020 山东省小微企业活跃度——基于外部环境因素的追溯分析

（1）整体营商环境改善明显，需求不足、成本高成为山东省小微企业的痛点、难点，法治化营商环境尚不理想。从本次调查结果看来，今年市场环境的改善已取得初步效果。目前小微企业的痛点、难点落在需求不足、成本高的问题上。其次，仅有 9.25%、7.75%、7.58 和 5.98% 的小微企业认为"产权保护有所改善"、"司法公正进一步加强"、"涉企执法更加公正"和"企业维权难度降低"，这说明小微企业所处的法治环境的改善效果并不明显，政府机构需要进一步完善契合小微企业发展的法治体系，为小微企业营造一个良好的法治环境。

（2）对抗新冠风险能力较低的小微企业受冲击巨大，加剧小微企业生存困境。当评估"新冠疫情对小微企业生产经营的影响"时，70.21%小微企业认为疫情对其生产经营情况产生影响。疫情对小微企业产生的主要影响主要包括了"市场订单减少"、"停工、停产造成生产进度拖延"、"生产经营成本高"、"交通、物流等方面的影响"和"产品市场需求受到抑制"等问题。

（3）山东省减税降费政策取得初步成效，但小微企业仍反映存在税负较重的问题。根据本次调查结果可知，山东省减税降费政策帮助小微企业在降低成本、改进产品及提升质量、拓宽市场和企业结构优化方面都有积极影响，但调查显示，因为税收政策落实或者不完善问题，小微企业仍然觉得存在税负过重的问题，希望政府可以进一步推行减税降费政策，帮助企业降低经济负担。

第二节
影响山东省小微企业活跃度的主要因素

目前，影响我省小微企业活跃度的因素可分为外部因素和内部因素，主要的外部问题有营商环境、政府政策传导和产业结构换挡等；主要的内部问题有小微企业的融资困难、经营成本高以及创新意识不强等。

1. 人才缺乏制约活跃度提升

（1）政府扶持力度不够。对于小微企业发展中遇到的人才瓶颈问题，相关政府部门主动服务意识不够强，表现为扶持小微企业的制度不够健全，用于小微企业的人才建设资金不够充分，面向小微企业的专门人才市场较缺乏，培养和引进各类专业技术人才的措施不够多，引导人才向小微企业聚集的作用发挥尚不够充分等。

（2）对人才重视程度不够。调查发现，山东省小微企业经营者受教育程度虽较以往有了一定程度提高，但普遍相对较低，重才用才意识相对缺乏，奉行"拿来主义"的居多，急功近利思想比较严重；对人才培养力度不够，很少有长远培养计划，致使人才的归属感较差，队伍不够稳定，流动性较高；部分家族式企业任人唯亲，缺乏科学的绩效评价机制，缺乏对人才的尊重，不能做到唯才是用、唯贤是用，人才的特点和能力得不到有效发挥，导致企业难以得到良性有序发展。

（3）对人才吸引力不足。相对于大中型企业而言，小微企业由于受自身规模和实力限制，在工资水平、福利待遇和未来发展上明显居于劣势，在人才问题上出现"引不进、留不住"等现象；部分小微企业盲目追求短期效益最大化，缺乏长远的前景规划和价值目标，导致员工的社会责任感和荣誉感不强，难以形成拴心留人的良好工作氛围和较强的企业向心力和凝聚力，无法吸引高水平的优秀人才加入。

2. 经营管理水平低下致使效能发挥不充分

（1）经营观念保守制约进一步发展。一方面，小微企业由于管理制度、企业家素质、企业文化等因素的制约，对企业管理体系建设的重视程度不够，经营管理相对随意、宽松，规章制度不完善，规范化管理水平尚需提高；另一方面，小微企业由于存续时间相对较短和创新成本高、研发投入回收期长等原因，导致经营理念偏向保守，过分注重眼前生存，忽视了企业的长期发展。尤其在经济发展在面临国内外多重考验和因新型冠状病毒疫情而放缓的环境下，出于控制企业风险的考虑，企业家更愿意选择防御性商业战略，企业的经济效益和发展规模受到限制。

（2）治理结构不完善影响员工积极性发挥。小微企业的经营者一般由拥有一定专业技术背景的人员创业而来，管理能力较为缺乏，治理模式相对单一，加之企业规模小，出于成本考虑，员工往往一人要兼顾多种岗位；由于小微企业的组织架构和治理结构相对简单和松散，扁平化的治理结构导致权力过分集中，员工发挥才干的空间有限，导致员工参与企业治理的意愿和积极性不高；有些小微企业缺乏明确的用人导向和良好的激励机制，影响和制约了员工的生产积极性。

（3）经营者管理水平尚需提高。经营者在小微企业发展中至关重要。部分小微企业经营者受教育水平和成长经历限制，投资趋于谨慎保守，存在小富即安的思想；部分经营者认知能力和观念更新不足，难以跟上形势变化。如在企业实施优惠政策的把握方面，就存在较大差异，对山东省支持小微企业发展的扶持政策缺乏深入细致的了解,导致对政策运用不够,影响企业发展;许多小微企业经营者缺乏企业管理经验,在进入市场时根据自身感受和经验来经营和管理企业,存在粗放式管理、经验式管理、家族式管理等非专业化的管理模式。

3. 融资困难难致使企业难以壮大

(1)融资渠道较为单一。调查显示,62.91%的小微企业认为融资难融资贵的问题没有得到改善,小微企业融资方式较为单一,29.03%的小微企业融资方式依靠自有筹资,49.80%的小微企业依靠银行贷款。其次,贷款利率高、企业缺乏足够的抵押和担保、银行更愿意贷款给国有企业而不是小微企业的问题分别占比25.57%、23.89%、21.16%。小微企业融资的渠道主要来源于银行,但小微企业融资门槛高,银行对小微企业的服务有限,贷款利率高,企业缺乏足够的抵押和担保等问题直接制约了小微企业的生存与发展。

(2)小微企业信用水平不高。小微企业成立时间短,一般规模小、底子薄,缺乏足够的资产抵押和担保,加之流动性较大,导致信用度不高,必然导致小微企业融资难、融资贵、融资周期长。一方面小微企业由于自身机制不健全,内部管理不够完善,信息透明度较低,致使金融机构不愿为其提供贷款,或者提供贷款数量不能完全满足需求。有的金融机构发放贷款时,程序比较复杂,服务效率低,个别还采取变相收取保证金甚至变相收取中间费等不合理手段,迫使小微企业向民间担保公司贷款来满足需求,增加了小微企业的融资风险。另一方面金融机构缺乏对小微企业经营过程动态监控机制,小微企业贷款信息的真实性难以科学准确把握,安全性难以得到保障,也是金融机构不愿贷款的原因。

4. 营商环境过紧束缚长远发展

(1)对小微企业的重视程度不高。中央、省对促进小微企业发展、提高小微企业活跃度出台了一系列政策,取得了一定成效,但地方政府更关心重视在税收、产业转型具有优势的大企业,对小微企业的发展保护重视程度不够，在支持小微企业发展的配套措施上缺乏动力，一些地方存在不作为、慢作为现象。地方政府对小微企业配套措施不健全、政策落实不到位、政策传导机制不通畅，具体反映在公正司法执法、规范市场秩序、企业和企业主的财产保护、创业就业补贴等方面。

（2）对小微企业的扶持力度不大。调查显示，58.76%的小微企业反映近年来地方政府营商环境实际政策执行力度较大，已产生明显效果，24.11%的小微企业认为部分地方政府的配套政策的针对性不强，11.62%的小微企业认为配套政策的实际执行较为迟缓，具体落实有待时日，11.72%的小微企业认为配套政策流于形式，缺乏可执行性，营商环境仍有待改善。政商环境集中反映的问题包括小微企业的负面舆论较多、与政府沟通不畅等；法治保障反映的问题聚焦于市场秩序不够规范，对企业和企业主财产保护不够，小微企业在司法审判往往处于劣势地位等。此外，为小微企业服务的社会体系营造还不够完善，如党建引领不够充分，智能化公共平台信息支撑力度还需加强，行业协会组织功能作用发挥还不明显等。

5. 创新能力不足导致市场竞争力不强

（1）主动创新的意识还不充足。调查显示，只有2.21%的企业开业至今申请或购买了专利，1.21%的企业在最近一年申请或购买了专利；4.87%的企业开业至今注册或被许可使用了商标，2.29%的企业在最近一年注册或被许可使用了商标；67.60%的企业没有利用互联网开展任何商业活动。这表明小微企业创新意识较为缺乏，知识产权保护意识不强，专利、商标、网络经营活动都处于较低的水平。在研发投入方面，小微企业由于资金、人才和技术的约束，也制约了创新水平的进一步提高。

（2）创业创新动能还不充足。企业创新发展需要高智力、高能力人才和较大资金投入，但由于社会群众对在小微企业就业存在偏见，对在小微企业的创业创新的风险过度担忧，导致小微企业高素质人才严重缺乏。据调查，在现有的小微企业创业人才队伍中，高学历者不足8%，其中博士学位的不足 0.8%。其次，支持创业创新的资金渠道过窄，导致融资乏力。再从激励和保护机制上看，支持创业创新的政策和制度过少或者不够完善，对创业创新的成果保护不力，影响了小微企业创业创新的积极性。

（3）资源投入还不够充足。从山东小微企业的行业维度来看，目前山东小微企业多分布在传统行业，包括批发零售、租赁和商务服务、制造业、建筑业，占据了 75% 以上的份额。采矿业和金融业，新增占比相对其他行业较低，新增数量少。大部分小微企业研究投入较少，导致产品的技术层次不高，结构层次偏低，主要集中在一些耗能高、附加值低、产业链短的行业方面，科技资源支撑不够充足。此外，在小微企业的内部资源整合、政府在产业和区域资源整合上方式方法相对单一，从生产结构和效能优化上制约了小微企业的后续发展。

第三节
提升山东省小微企业活跃度的对策建议

1. 以人为本加强人才队伍建设

（1）创新人才服务模式

①创新服务方式和手段。政府相关部门应开展"互联网＋人才"服务模式，利用政府人才网及人才微信公众号等智能化服务平台，贴近小微企业人才实际需要，及时发布相关的人才政策、岗位需求等信息，做到引进人才与岗位精准匹配，起到联系人才与用人企业的桥梁和纽带作用。

②围绕新形势、新业态、新需求，创新人才服务模式。在尊重人才发展规律的基础上，进一步发挥市场在资源配置中的决定作用，发展以专业园区、孵化型企业、培训机构为载体的人才服务市场，为小微企业提供专业化、定制化、灵活多样的人力资源服务，不断推动形成以"大众创业、万众创新"为核心的人才服务新格局。

（2）加大人才培养力度

①切实加大对人才的重视力度。小微企业应牢固树立人才是第一生产力的理念，切实把人才作为企业的核心竞争力和实现高质量发展的引擎，为各类人才搭建发挥聪明才智的有效平台，真正在企业中形成尊重知识、尊重人才的良好氛围。一方面要根据企业现实需求和长远发展，制定合理的人才培

养和人才引进规划，并为人才提供与之能力相匹配的待遇和环境；另一方面要根据企业实际做到人岗匹配，不好高骛远、不滥竽充数，最大限度地发挥人才作用，在为企业创造效益的同时最大限度减小企业负担。

②创新人才管理机制。小微企业与规模企业相比有其自身的发展特点和规律，应结合企业实际制定灵活的人才管理机制，有针对性地改变以"家长制"为主要代表的家族管理理念，注重加强企业文化建设，尊重人才首创精神，关注其实际需求，为其留出自由发展空间，切实营造拴心留人的良好环境，为企业健康发展打下坚实的基础。

③加强教育培训。教育培训是企业人才培养的主要途径，要通过分类分批次，运用多种现代化手段，对企业管理人员、技术人员、市场营销人员等进行规范化、专业化、系统化的培训，同时，企业通过加大考核力度、鼓励创新来确保教育培训的质量，造就适应行业持续健康发展的高素质人才。

（3）培育优秀企业文化

①塑造企业文化内涵和品牌。小微企业应根据自身实际，注重企业文化建设，形成具有自身特色的企业价值观和品牌，并积极宣传推广，使其成为企业员工共同遵守的思想及行为规范；加强员工在企业各项运营中的参与度和认可度，以企业文化为纽带，把员工个人价值观与企业价值观结合起来，确保员工个人目标和企业整体目标相一致，能够激发员工工作热情，提高荣誉感和获得感，实现员工对企业的认同，从而提升管理效能，最终实现企业综合效益的提升。

②强化激励机制实现良性循环发展。小微企业在提高员工工资福利等待遇的同时，要以长远发展为目标，打破过分集权、任人唯亲、论资排辈等不良限制，针对不同人才采用相应的考核及奖惩办法，建立科学有效的绩效评价和奖惩机制，同时加强人才梯队建设和晋升淘汰机制，引导员工做好职业生涯规划，提高人才的积极性和创造性，为企业长远发展提供持续动力。

2. 助力小微企业提高经营管理水平

（1）转变经营观念加强科学管理

①小微企业管理者应坚持与时俱进，大胆创新管理理念，并适度放权于员工。同时，做到科学决策，面对复杂多变的就业环境，应当不断地提升适应新形势、应对新变化的能力，使之有能力针对市场的动态变化迅速作出判断并及时提出预见性、准确性和科学性的应对方案，真正成为企业发展的引航者。

②积极促进小微企业间的融合。小微企业在发展过程中，需要深入理解和充分利用国家提供的优惠政策和支持，紧紧结合市场需求和企业自身实际，主动寻求变革，转变单打独斗的经营理念，加强上下游企业的沟通协作，利用各自产业特色实现优势互补，提高服务市场的水平，创造集聚效应和品牌效应，实现抱团发展，从而增强抵御市场风险的能力。

（2）创新组织结构提升管理效率

①改革和创新企业管理制度。小微企业应摒弃家族管理模式制约，建立健全各项规章制度，特别是财务管理规章制度，对资金、合同、财务报表等涉及企业信用规范的要素高度重视，强化会计工作基础，加强企业内部人力资源管理体系建设，提升高层管理人员的执行力，从源头上加强自身治理，着力打造企业良好的信用基础。

②加强内控管理力度。小微企业要强化内控监督机制，实现内部管理的规范化，通过完善内控管理和内部审计制度，强化内部合理监督，维护企业合法利益；积极借用外力，定期或不定期对企业进行外部审计，以更加科学的角度评价企业管理情况，查漏补缺，不断提高内控管理水平；充分发挥党组织积极作用，带头组织员工为企业管理献计献策，培养员工的主人翁精神，形成自我管理、自我教育、自觉遵守的和谐劳资关系，切实降低企业管理成本。

③形成科学的内部运行机制。小微企业要注重加强内部管理，优化内部治理，发挥股东会、董事会、管理层作用，通过权力的划分、责任的明确、

利益的调整，建成科学、合理、有效的内部运行机制，使企业内部的责、权、利有机地统一起来。作为管理者要具备管理能力、决策力、市场洞察力。通过市场调研及反馈，做好对产品市场的合理定位。加强企业管理的规范性，强调合理分工，尤其是核心环节，采取流水化作业模式，减少因人员离职导致的生产延误及泄密风险。

（3）提升企业家素质增强管理水平

随着知识经济社会的到来，企业家需要具备全面的管理能力、卓越的领导才能、敏锐的战略眼光、运筹帷幄的驾驭才能。政府部门和相关社会组织如个体私营劳动者协会等，应结合个私企业经营者管理需求，与高等院校和研究机构合作，围绕提升经营管理能力搭建培训平台，通过邀请国内重点院校知名专家学者开设专题讲座、组织企业家与专家面对面交流、建立人才培训基地等形式，帮助企业家开阔视野、开拓思路、提升素质。通过引导和鼓励企业家特别是年轻企业经营管理人才参加各类学历学位教育，在学习新知识的同时，开阔视野，拓展资源。

3. 多措并举缓解小微企业融资难

（1）加强普惠金融体系建设

①坚持目标导向，完善普惠性金融政策机制。小微企业是国民经济的毛细血管，是吸收社会就业的重要力量，是创业创新的主要"战场"。在稳定增长、推进改革、调整结构、惠及民生、防范风险等方面举足轻重。要建立"政府＋金融机构＋企业"等多部门合作机制，充分发挥"政府、银行、企业"的多重作用，整合政府部门、行业协会等各方资源，加大对小微企业的支持力度，特别是"专业化和新型"小微企业。通过持续稳定的政策支持，继续增强社会信心，稳定市场预期，帮助小微企业更好地应对复杂多变的形势，引导它们有效摆脱疫情的不利影响。同时，应努力分类执行政策，加强有针对性的支持。针对当前小微企业普遍存在的抵押物不足的实际情况，在推动普惠金融服务的同时，应推出个人信用、股权、知识产权质押等形式多样的

金融服务产品，满足小微企业的多维金融需求。

②坚持科技导向，注重普惠金融的数字赋能。金融机构应针对现有金融产品审批流程复杂、审批时间长、人为因素多的弊端，大力发展数字金融，依托大数据和数字渠道，构建互通互联、无障碍的服务网络，为小微企业提供及时、高效、便捷的金融服务，以适应小微企业融资贷款"少、急、快"的特点，切实提高融资服务效率，降低服务成本。

③坚持精准发力，创新普惠金融服务模式。小微企业行业分布集中、行业地位较弱、资产构成单一和经营模式单一，因此其对金融服务的需求有其自身的特点，而现实却是面向小微企业的金融服务针对性不强，应加以改进。以信贷为例，我们需要结合固定资产相对较小、存货、应收账款和预付款较高的小微企业的特点，积极探索普惠金融可持续发展的新模式，推出适合小微企业的金融产品，开发更多的信贷产品，降低房地产抵押要求，探索以原材料、应收款等为抵押的信贷产品，切实为小微企业量身打造金融服务产品。

④坚持夯实基础，加强普惠性金融基础设施建设。通过改善金融机构开展普惠金融服务所需的外部条件、基础设施和公共支持服务，降低普惠金融的综合运营成本，为金融机构进一步为普惠群体盈利提供空间。推进国家小微企业融资综合信贷平台建设，鼓励各地区建设区域内共享的小微企业、涉农信贷信息数据库和金融综合服务平台，建立健全信息收集、共享、查询和对接机制，提高精准度，平台数据的完整性和便捷性，降低商业银行获取小微企业信息的成本。建立健全风险担保和补偿机制，进一步推进融资担保体系建设，降低担保门槛和成本，有效发挥风险分担作用，在解决小微企业融资难题的同时降低金融机构风险。

⑤坚持以人为本，发展普惠金融，促进共同繁荣。普惠金融和共同繁荣的最终目标高度一致。如果说共同繁荣体现了对社会公平的追求，那么普惠金融在获取金融资源方面追求公平。提高对小微企业的支持水平，促进金融资源在不同地区、行业和群体之间的优化配置，不断提高金融服务的覆盖面、

可用性和满意度，提高经济周期效率，激发各类市场主体的活力，通过发展普惠金融特别是数字普惠金融，为实现共同繁荣提供强大的内生动力，提升小微企业普惠金融服务的深度、广度和温度，为构建新的发展模式、促进共同繁荣做出贡献。

（2）创新拓展融资途径

①加大财政支持力度。增加支小支农再贷款和再贴现额度，下调支小再贷款利率。完善小微企业金融债券发行管理，支持银行业金融机构发行小微企业贷款资产支持证券，盘活信贷资源；推动金融机构进行金融产品和模式创新，加大再贷款再贴现支持普惠金融力度，紧盯产业链、供应链等核心企业，进一步探索完善抵质押方式与规则；有条件的地区可考虑利用财政专项风险补偿资金设立中小融资支持资金，开发政府增信产品，建立政府、银行业金融机构、融资担保机构合作和风险分担机制。

②协调信息信贷各方资源。牵头搭建信息平台，整合区域内政府力量和各方数据，探索适度开放政务数据，积极搭建由政府指挥协调，金融机构、担保机构等合作参与的完善全面的小微企业融资服务平台；针对金融机构小微企业贷款动力不足、积极性不高的情况，进一步加大小微企业贷款考核权重，倒逼金融机构加大服务力度。通过引导银行扩大信用贷款等方式，加快发展各类以服务小微企业为主的小额贷款公司和村镇银行，为小微企业提供多元化金融服务。

③开展专项支持行动。加强银行、证券、保险等金融机构通力合作，有针对性地开展小微企业专项金融支持行动，经审核纳入专项名单的企业，可获得有针对性的咨询服务和融资建议，并获得综合授信支持及专项授信额度及优惠利率。

4. 夯实小微企业融资信用基础

（1）加大监管力度。政府相关部门要完善金融和市场监管相关法律法规，健全监督机制，加大监管力度，对于小微企业发展中遇到的不作为、慢作为和乱作为等问题要坚决查处，严厉打击金融机构给小微企业发放贷款时种种不合理或者附加条件等不法行为，提振小微企业融资信心。强化小微企业同相关部门联手建立信用惩戒等征信体系建设，有效推进信用融资、票据融资、债券融资、知识产权融资等融资方式。

（2）加强体制建设。建议由政府牵头建立健全小微企业综合信用服务平台，逐步实现各部门间的数据互通互联，为金融部门提供统一、权威、高效的企业信用信息，切实解决"企业找银行、银行找企业"的现实问题，不断夯实银企双方互信、共赢、携手发展的良好合作基础。同时，小微企业在发展过程中，应当建立现代企业制度，推进规范化建设，完善财务管理制度，重视企业自身信用，切实提高在金融机构的信用评级，从而与金融机构建立长期、高效的合作关系。

5. 精准施策打造一流营商环境

（1）构建新型政商关系营造良好商业生态

①着力打造新型政商关系。要以习近平总书记提出的"亲""清"新型政商关系为总基调，不断构建"亲"而不乱、"清"而不远的政商关系。一方面，应以正式文件的形式为政府部门及其工作人员画出"红线"，防止出现"过亲"而政商不分的现象；也应强化政府部门为企业服务的公仆意识，深入基层、深入企业了解小微企业发展过程中的痛点、难点和堵点，真正为企业解决实际问题，防止出现"过清"而敬而远之的现象。另一方面，应加强小微企业守法、诚实经营的正向引导，切实将小微企业的发展重心转移到科学技术创新、完善企业管理、提高经营绩效上来，真正使企业心无旁骛地搞好企业发展。

②着力优化政商社会环境。通过引导社会舆论正确认识小微企业，引导媒体向小微企业主经营者提供更多的关注和强有力的知识技术支持，营造积极的政商环境；通过加强信息技术对纳税服务的支撑，创新宣传方式，加大税收优惠的指导力度，让更多小微企业了解税收优惠政策；培养一批有经验的政策服务专员，依托线上服务平台，为小微企业提供个性化的政策咨询、

服务求助、意见建议反馈等线上服务，及时了解小微企业所感、所需，并定期整理小微企业各类诉求作为政策制定的参考。

（2）完善扶持政策营造宽松制度环境

①加强法治化营商环境建设。要以打造公开、透明、高效的法治化营商环境为目标，提高市场法治化治理水平，使企业经营的每个环节和节点有法可依，最大化地提升法治保障小微企业发展的效能。建立清理大企业拖欠小微企业资金的常态化问题解决机制，探索小微企业法律服务费用救助制度，通过组建小微企业法律服务顾问团，走访小微企业，诊断企业在合同纠纷、公司法律法规等方面的法律问题，并根据反馈的问题进一步开展有针对性的法律救助，完善对小微企业的法治化保障。

②进一步减税降负助力轻装上阵。切实发挥政策的导向作用，科学实施有针对性的减税、免税、免息、贴息政策。增加投资税前列支扣除，提高企业再投资的积极性。积极引导各类资金向小微企业倾斜，除已有的增值税优惠外，探索一定时期内降低企业所得税的优惠政策。建立规范统一的小微企业经营服务平台，统筹协调小微企业在原材料采购、产品销售、人才培训、技术创新等工作，解决企业运行过程中的重复劳动。积极推进工业用地租赁，健全市场供应体系，出台土地租赁抵押贷款等配套政策。结合优化税收营商环境等专项活动，上门走访重点对象，"问需、问计、问效"，增加小微企业的获得感。

③建立多元化的小微企业帮扶机制。充分发挥政府统筹协调作用，积极整合政府各部门、金融机构、科研院所、驻地高校、中介机构、社会团体、大型企业等各方力量，不断完善小微企业配套帮扶政策，明确各部门职责权限，切实优化营商环境，为小微企业发展提供审批、融资、技术、人才、法律、信息等全方位服务，为小微企业做大做强保驾护航。

（3）优化社会化服务体系营造便利服务环境

①加强小微企业党建引领。习近平总书记多次强调，要促进和引导非公

有制经济的健康发展和非公有制经济人士的健康成长。加强小微企业党建工作，充分发挥党组织和党员的作用，有利于帮助其了解党和政府支持市场主体发展的新任务新要求，促进各项政策措施在市场主体落实落地；有利于引导党建工作与生产经营同频共振，相互促进，团结带领广大党员和职工群众在生产经营的关键岗位上爱岗敬业，在生产经营的急难险重任务面前勇挑重担，切实发挥党的政治核心和政治引领作用，带动企业健康发展；有利于用社会主义核心价值观教育其从业人员，塑造积极向上的企业家精神，保障其健康可持续发展。通过开展小微企业党建工作，及时深入地了解其实际需求，根据基层需求制定更有针对性的政策措施，目前省内通过制订非公企业党建工作标准、专业市场和外卖市场党建工作规范、开展党建联建共建活动等举措，围绕发展抓党建、抓好党建促发展，指导小微企业党建工作向纵深发展，做深做实小微企业党建工作，支持小微企业更好的发展。

②打造智能化公共服务平台。积极发挥山东省中小企业公共服务平台等信息化平台的作用，完善小微企业名录平台建设，使广大小微企业及时全面掌握所需的政策、融资、技术、人才等信息。注重服务平台大数据建设，运用大数据加强对各层级、各区域、各行业小微企业的监测和分析，得出准确、全面、客观的小微企业运行指标，为政府决策提供数据支撑。加大对小微企业活跃指数的关注度，全面掌握小微企业的发展指标，及时调整服务的方向和重点。

③注重发挥行业协会组织作用。积极发挥山东省各级个体私营企业协会桥梁纽带和参谋助手的作用，在非公党建、招商引资、管理咨询、融资服务、权益保护、法律咨询、对外合作、经营信息、展览展销等方面给予小微企业更多支持；各行业协会应充分利用统战夜校、民营经济大讲堂、企业沙龙等平台，组织小微企业开展金融、财税、法律、安全生产等专题培训，同时，指导企业公开纳税、用电、营收、补贴等关键信息，助企完善"征信"数据，提升企业融资"身价"；利用社会化服务机构等社会资源，积极引导服务机

构专家开展志愿服务活动，同时借助机构"外脑"开展管理咨询提升活动，集聚服务体系力量开展困难企业帮扶救助，助力小微企业健康发展。

6. 提高创新能力赢得竞争优势

（1）增强自主创新意识

①强化自主创新理念。随着外部环境的变化和市场经济的发展，小微企业应该把创新作为生存的基础，不断更新观念，转变发展模式，加大创新资源的投入，加快企业转型升级；同时，真正树立自主创新意识，把自主创新作为企业发展的主要动力，借鉴国际上成功的创新管理模式和企业再造理论，培养创新人才，打造自主品牌，以提高自身竞争力。

②创造良好的创新环境。良好的创新环境有助于提高全体员工的创新意识。加强对创新型员工和团队的激励，营造良好的创新环境，从而发挥点对面作用。同时，加强企业创新工作的宣传，深入宣传创新模式、创新方法和经验，提高全体员工的创新观念和意识，营造良好的创新环境。

③尊重员工的个性。小微企业应该注意培养员工的兴趣。在创新自愿的原则下，鼓励员工根据自身兴趣、爱好和专业选择工作方向，通过对员工能力的培养和提高，为企业的发展提供原动力。

（2）加大技术创新投入

①采取多种激励措施。选择有创新基础、有创新潜力的小微企业跟踪调查、重点扶持，对此类小微企业原始创新和核心技术创新项目进行资金补助支持，将知识产权与融资促进挂钩等方式，支持小微企业技术革新，鼓励小微企业开展核心、共性技术研发活动，发展技术创新型新业态；通过增加发放高技能人才补贴、增岗补贴，高校向小微企业定向输送人才等方式，帮助小微企业加强人才队伍建设。

②加强校企技术合作。建立健全校企合作机制，利用好山东省开展的"一企一技术"活动，促进校企间技术交流合作，结成战略联盟，不断提高科研成果转化率，提升小微企业产品竞争力。

（3）提升资源整合效能

①实现资源共享，加强资源整合。小微企业面临发展所需资源不足的问题，在地方政府对小微企业发展提供扶持与帮助的同时，小微企业应从产业演化、行业发展的角度，用产业和行业的力量提供企业发展所需的产业资源和行业资源，形成一个有利于企业发展的、各种资源与要素相互协调的大环境。提供资源扶持更好的方法是发挥资源的共享性作用，地方政府应提供能供众多小微企业共同使用的发展资源，使众多的小微企业能在有限的行业资源中通过共享而有所获益，这样既能加快小微企业的发展，也能提高政府扶持效率。此外，小微企业的发展不能只依靠外部力量的扶持，更重要的是自我成长，加强自身对资源的利用和整合能力，深入分析自身发展所需关键资源，共享已有的资源，积累自身资源，尽力培养与形成在企业初次成长期的核心竞争力。

②鼓励大型龙头企业对小微企业的技术带动和支持。龙头企业拥有雄厚的资金、畅通的信息来源、先进的技术、良好的营销体系，这些都是小微企业所不具备的。龙头企业在实现自我发展的同时也应该履行社会责任，带动小微企业集群创业，形成以大型的集群龙头企业带动小型微型的配套企业、协作企业共同发展的良性发展格局。应积极推进小微企业与大型龙头企业的技术创新合作平台，整合各种现有资源，发展优良的产业集群。鼓励大型龙头企业与小微企业合作，发挥各自优势，大企业可为小微企业提供市场信息、创新技术等的支持。地方政府应加大对龙头企业带动小微企业集群创业的政策扶持力度，加大对大型龙头企业税收、财政等方面的扶持力度，从而调动龙头企业扶持小微企业的积极性。

第八章

党建引领是提升山东省小微企业活跃度的重要保证

2023年3月6日，习近平总书记在看望参加全国政协十四届一次会议的民建、工商联界委员时强调，民营经济是我们党长期执政、团结带领全国人民实现"两个一百年"奋斗目标和中华民族伟大复兴中国梦的重要力量。2023年3月5日，笔者跟随省委组织部课题组，进行了为期两周的民营企业党建专题调研，以烟台市为例，从调研情况看，民营企业尤其是小微企业在稳定增长、促进创新、增加就业、改善民生等方面发挥着重要作用，成为推动经济社会发展的重要力量。而从小微企业成长变化中探究企业兴衰规律，深入探讨发挥党组织政治引领作用的有效方式，具有非常重要的意义。

第一节
党建引领对于提升小微企业活跃度的重要意义

1. 坚持和加强党的全面领导是小微企业健康发展的根本保证

中国特色社会主义最大优势和最本质的特征是中国共产党的领导，加强党对民营企业的领导，是民营企业能够得以健康发展的根本所在、命运所在。从烟台民营企业发展情况看，凡是党组织比较健全、发挥作用比较好的企业，都取得了长足发展。比如，鲁花集团党委成立伊始，就将党的领导写入公司章程，凡是涉及公司发展的重大决策，必须由党委先行研究，充分保证了经营决策、生产管理的正确方向，如今已经从一个 20 世纪 80 年代的小油坊成长为现在的农业产业化国家龙头企业，在全国建立生产基地 37 个、专营代理商 2000 余家，产品畅销全国 31 个省、市、自治区，并出口多个国家和地区，2022 年实现收入 468 亿元，利税 63.3 亿元。

2. 党委政府政策支持是小微企业持续发展的重要支撑

民营经济是典型的环境经济，纵观烟台民营经济发展的历史，无论在哪个阶段的发展都离不开政策环境、法治环境等外部环境的支持，各级党委政府出台的一系列重大方针、惠企政策、改革举措，都是促进民营经济发展壮大的重要保障。近年来，烟台市委、市政府先后出台《民营企业经济促进条例》（2020 年出台，是全省首部促进民营经济发展的地方性法规）、《关于进一步优化环境激发活力促进民营经济和中小企业高质量发展的意见》（2021年出台）、《关于纾困解难助力小微企业发展的若干政策措施》（2022年出台，共为符合条件的小微企业减免各类税收19.7亿元）等重要政策文件，着力支持民营企业克服疫情等因素影响，不断实现高质量发展。今年1月份，市委、市政府围绕冲刺"万亿城市"抢抓开局，出台《关于提振发展信心巩固向好态势的若干政策措施》《关于推动经济首季良好开局的若干措施》《关于促进一季度项目建设全面起势的若干措施》等一揽子政策措施，有力促进了一季度经济快速起势。

3. 人才第一资源是小微企业创新发展的动力源泉

在市场经济条件下，企业的发展壮大主要靠创新，创新的关键在人才，企业间的竞争，归根到底还是人才的竞争。没有人才的上档次就没有企业的上层次，没有高素质的人才就没有高成长的企业。2022年，烟台制定出台《烟台市引才育才补贴发放办法》，由市财政每年设立1000万元专项经费，区分领军人才、青年人才、研发人才等不同群体，对企业引才育才予以补贴，每家企业每年可获得最高补贴100万元。比如，杰瑞集团党委通过推行党员／持股人政策，把优秀人才发展为党员，让党员成为持股人，为公司集聚了一大批优秀人才，在全国"创新研发设计大赛"中累计提报创新成果625项，其中获奖400余项。到2022年，全市备案科技型中小企业首次突破3000大关，达到3221家；高科技企业突破1900家，总量居全省第3位，这背后得益于高层次人才的引育和助力。

第二节
党建引领对于促进小微企业高质量发展的重要作用

以烟台市为例，烟台小微企业高质量发展背后的密码就是党建，企业要红火、党旗必火红，可以说党建抓实了就是生产力，抓细了就是凝聚力，抓强了就是战斗力。在具体工作中，烟台一直坚持围绕发展抓党建、抓好党建促发展，把党的活动与企业生产经营有机融合作为小微企业党建工作的生命线，找准两者融合互促的切入点、着力点，做到以党建强引领强发展。可以从两个维度来理解：一是抓党建就是为了抓发展。抓小微企业党建工作，推动党组织和党员有效发挥作用，最终目的就是把牢小微企业正确发展方向、促进小微企业健康发展。所以说，党建工作只有融入小微企业发展才会有生命力，脱离了生产经营的党建工作就失去了生命力和价值。二是抓发展从来都离不开抓党建。在我国社会主义市场经济体制下，党组织具备其他任何一个组织都不具备的政治优势和组织优势，可以最大化为企业带来发展所需的人才、资源等要素，而且也只有党组织能够实现各类要素的高度整合，为企业发展赋能聚力。所以说，抓好了党建工作，小微企业的持续健康发展就有了最可靠保障，这也是把党的领导贯穿经济社会发展各方面、全过程的应有之义和必然要求。

关于发挥小微企业党组织政治引领作用，中央办公厅 2012 年印发的《关于加强和改进非公有制企业党的建设工作的意见》，明确了党组织5个方面的职责任务。这也是党组织发挥政治引领作用的具体内容：一是宣传贯彻党的路线方针政策，引领和监督民营企业合法经营，自觉履行社会责任。二是团结凝聚职工群众，通过加强和改进思想政治工作，密切联系群众，主动关心、热忱服务党员和职工群众，帮助解决实际困难，把广大职工群众团结在党组织周围。三是维护各方合法权益，作为企业家与员工、员工与企业、企业与政府部门等各方利益诉求协调的柔性力量，推动构建和谐劳动关系，促进企业和社会稳定。四是建设先进企业文化，把党建工作与企业文化建设互通共融，引导企业建设符合社会主义核心价值观的先进文化。五是促进企业健康发展，组织带领党员和职工群众围绕企业发展创先争优，促进生产经营。不管是哪种类型的民营企业，党组织在加强党的全面领导、巩固党的执政基础上都肩负着相同的政治责任，必须始终做到把方向、谋大局，这是党组织发挥政治引领作用的根本所在。

第三节
小微企业党建面临的新形势、新任务、新问题

1. 小微企业党建工作面临的新形势、新任务、新要求

从党的执政基础、经济社会发展、小微企业发展现状三个维度来看，新形势下加强小微企业党建工作具有现实紧迫性。从巩固党的执政基础的现实需要看，小微经济已成为经济发展中最活跃的部分之一，从业人员多、新社会阶层多，直接关系到党的执政基础，需要我们不断扩大小微企业党的组织和工作覆盖，把他们紧紧团结凝聚在党组织周围。从小微企业在经济社会发展中的地位作用看，小微企业作为社会主义市场经济的重要组成部分，是促进经济持续健康发展的重要力量。从小微企业发展现状看，生存压力依然很大、发展环境不够优化等问题不同程度存在，要想解决这些问题，既需要从政策、法律上完善措施、强化支持，也迫切需要我们抓好党建工作，发挥党建"黏合剂"作用，打通企业、部门、科研机构等各类主体之间的壁垒，推动资源要素有序流动，为小微企业提供更为优越的发展环境。

2. 小微企业党建工作存在的突出问题

一是覆盖质量还不够高，小微企业领域还没有实现党组织全覆盖，特别是新经济组织、新社会组织、新就业群体等呈现发展模式新、组织形态新、运行方式新、迭代更新快的特点，传统工作方式成效不够好，组织覆盖跟进

不够及时。二是堡垒作用还不够强，小微企业党组织政治功能和组织功能需要进一步增强，有的对优秀人才吸纳不够，有的联系服务党员职工不到位，党组织的影响力、凝聚力、号召力有待提升。三是赋能发展还不够有效，搭建党组织和党员发挥作用的载体不够丰富，带头攻坚破解发展难题还有欠缺，在党建与发展同频共振上还需要进一步提升。

3. 引导小微企业出资人支持开展党建工作也是重要因素（以烟台为例）

烟台是革命老区，也是一片红色沃土，历来就有红色基因的传承。小微企业出资人普遍对党怀有深厚的感情，特别是规模越大、管理越规范的企业，出资人对党建工作越重视，普遍形成了具有特色、富有实效的党建工作载体机制，为全市小微企业党建工作发展贡献了重要力量。在引导企业出资人抓党建方面，重点采取4方面措施：

（1）以强化沟通服务赢得认同。习近平总书记指出，我们始终把民营企业和民营企业家当作自己人，在民营企业遇到困难的时候给予支持，在民营企业遇到困惑的时候给予指导。烟台建立市领导联系重点非公企业和商会制度，29位市级领导联系87家民营企业、29个商会；推行服务企业专员制度，1855名干部常态化联系服务3139家重点企业，建立起与企业出资人的常态化沟通联系，用心用情为他们办实事、解难题，引导他们树立听党话、跟党走的意识，赢得他们对党建工作的支持。同时，依托主管部门、属地党组织等，精心选派党建工作指导员，与企业出资人面对面交流、手把手讲授，增强他们对党的思想认同、情感认同。

（2）以增进交流互促凝聚共识。依托烟台城市党建学院等阵地，每年常态化举办企业党组织书记、出资人培训班，帮助拓宽视野、增长见识，使他们及时掌握上级关于抓党建促发展的部署要求。同时，评定74家省、市级党建示范点，搭建书记论坛等载体，组织优秀企业出资人现身说法，促进相互交流、共同提升。

（3）以发挥实质作用争取支持。注重把完成重大任务作为试金石、磨刀石，积极推动企业党组织和党员在转型升级、技术攻坚、提高效益等方面，发挥战斗堡垒和先锋模范作用，以组织创先进、党员争优秀推动企业有发展、员工得实惠，让企业出资人看到实实在在的变化，真正做到靠作为赢地位。

（4）以抓好政治激励增强动力。事实证明，大力宣扬积极支持党建工作企业出资人的先进事迹，营造全社会尊企敬企的良好氛围，对推动民营企业党建工作具有明显作用。2022年5月，市委、市政府隆重召开优秀企业家表彰大会，集中表彰了10名功勋企业家、40名杰出企业家、20名创新先锋企业家、10名优秀青年企业家。在此基础上，还注重推荐优秀企业家、党组织书记等担任"两代表一委员"、参评"两优一先"，旗帜鲜明加强政治激励和荣誉激励，最大限度激发他们抓党建的内生动力。

第四节
发挥小微企业党组织实质作用的几点建议

1. 体制机制要持续深化。体制管长远、管根本

抓好小微企业党建工作，必须把健全体制机制作为先手棋，重点是完善两新工委运行机制：一是调整委员单位。紧扣民营企业发展，将网信、交通运输、邮政管理等单位纳入委员单位，明确职责分工，压实党建责任，更好形成工作合力。二是完善工作规则。健全落实成员单位动态调整、直接联系民营企业、年度任务清单、年底述职评议等工作制度，推动两新工委高效运转。三是配强工作力量。结合工作需要，加强力量配备，确保小微企业党建工作有专门机构抓、有专门人员管。

2. 方式方法要持续优化

小微企业面广量大、类型多样、情况复杂，各地小微企业发育程度、工作基础千差万别，必须从实际出发，区分不同地区、不同规模、不同企业特点，有针对性地开展党建工作，增强工作实效性。工作对象上要因企施策，对外商投资、互联网、文化创意等类型企业，要直接靠上做工作，具体情况具体分析，积极稳妥推进。工作推进上要抓大带小，以各类园区和规模以上企业为重点，辐射带动街道社区和商圈市场，抓好小微企业党建工作。工作方式上要示范带动，对工作基础较好的小微企业，要重点在加强规范化建设、发

挥党组织和党员作用、提高党建工作实效等方面用力，为其他企业积累经验、树立样板，带动实现整体提升。工作宣传上要大张旗鼓，既要加强对党委政府大政方针、理念主张的宣传解读，廓清民营企业家的模糊认识；又要加强对优秀小微企业党组织和党组织书记、出资人的正面宣传，营造大抓党建、重抓党建的浓厚氛围和鲜明导向。

3. 融合发展要持续强化

党组织的作用不是自然形成的，是靠实实在在的工作、服务发展的良好成效逐步积淀起来的。重点做好 3 个方面：一是作用发挥要有制度保障。健全党组织成员和管理层"双向进入"、党组织书记参加或列席管理层重要会议、党组织与管理层沟通协商和恳谈等制度，实现党组织和管理层的有效沟通和良性互动。二是活动方式要讲求实效。紧扣小微企业特点，贴近职工群众需求，融入事业发展，采取小型、灵活、多样的方式，把党组织活动有声有色地开展起来，积极推行党群活动一体化，做到党员拥护、群众欢迎、职工支持。三是党员先锋作用要落具体。通过设立党员攻关小组、党员先锋岗、党员责任区等载体，引导党员从具体事抓起，比学习、比工作、比贡献，使党员成为推动小微企业发展的骨干力量。

4. 注重培养党员企业家

我们党始终代表中国先进生产力的发展要求，始终代表中国先进文化的前进方向，始终代表中国最广大人民的根本利益。当前，小微企业已成为我国经济健康发展的重要一环，在推动先进生产力发展，维护人民根本利益方面，发挥着举足轻重的作用。这就要求我们进一步加强小微企业的党建工作，把党组织的触角延伸到小微企业中，有计划、有针对性地发现、培养优秀小微企业家，将其吸纳进党组织。同时，加强对小微企业家的教育引导，让其充分认识到党的领导与小微企业发展壮大的内在联系，饮水思源，自觉把党建工作与生产经营、文化建设等结合起来，进一步加强党同在小微企业劳动的广大职工群众的联系，增强党组织的凝聚力和战斗力，推动企业健康稳定发展。